Elie PEYRON

Bazaine

fut-il un traître?

Etude sur la Campagne de Lorraine, en 1870,
contenant des Lettres inédites,
avec FAC-SIMILE, de l'ex-maréchal.

PARIS
P.-V. STOCK, Éditeur
27, RUE DE RICHELIEU, 27 (1er arr.)
Téléphone 238-70

1904

Bazaine fut-il un traître ?

DU MÊME AUTEUR :

Un Patriote : **Rossel**.

Benoît Malon.

M. Thiers en 1871.

Elie PEYRON

Bazaine
fut=il un traître?

Etude sur la Campagne de Lorraine, en **1870**,
contenant des Lettres inédites,
avec **FAC-SIMILE**, de l'ex-maréchal.

PARIS

P.-V. STOCK, Éditeur

27, RUE DE RICHELIEU, 27 (1er arr.)

Téléphone 238-70

—

1904

ERRATUM

A la page 104, troisième ligne, prière de lire : *16 sep-tembre*, au lieu de 16 novembre.

AVANT-PROPOS

On lit dans le Grand Dictionnaire Larousse, premier supplément, au mot *Bazaine :*

« ... La guerre prit fin... Le Maréchal vint s'installer à Paris, dans son habitation des Champs-Elysées.

» Dix-huit mois s'écoulèrent ainsi...

» Après le renversement de M. Thiers, la mise en accusation (de Bazaine) fut amenée par diverses circonstances et occupa la première place dans l'esprit public.

» Avait on un mobile pour attirer l'attention publique et élever le procès du Maréchal à la hauteur d'un grand procès d'Etat ? — Oui, assurément, il y en avait un et un bien manifeste.

» Les plans de la droite, en faveur de la restauration monarchique, étaient en voie rapide de maturité. *La fusion,* déjà un fait accompli, allait être bientôt proclamée, le conflit des partis devenait imminent dans l'Assemblée et dans le pays.

» Les royalistes avaient deux ennemis à combattre : le républicanisme et le bonapartisme.

» Nous avons indiqué ailleurs les mesures prises par l'*Ordre Moral* en vue de battre le premier. Quant au second -- dont on n'avait pas dédaigné l'alliance pour porter les de Broglie et les Buffet au pouvoir, — il fallait aussi s'en défaire.

» Or, un instant écrasé sous les désastres de 1870, il avait senti sa force, lorsqu'il s'était vu marchandé par les meneurs de la droite et il commençait à relever la tête.

» Quoi de plus simple et de plus efficace, pour l'annihi-
ler, que de rouvrir, par une enquête publique sur les
circonstances de la capitulation de Metz, la page d'histoire
remplie par la corruption et l'incapacité bonapartistes.
» Bazaine fut arrêté ».

Ce passage nous a vivement étonné. Nous avons voulu
approfondir cette question de la trahison de Bazaine.
Nous donnons aujourd'hui au public, en toute sincérité,
le résultat de notre travail.

Et tout d'abord, comme documents à l'appui de la thèse
de Larousse — que le procès de Trianon fut un procès
politique, — nous croyons devoir apporter les suivants.

On sait que, le 29 mai 1871, une pétition fut discutée à
l'Assemblée Nationale, qui demandait une enquête sur
les causes de la capitulation de Metz et sur la conduite
des généraux qui y avaient pris part. M. Thiers, alors
chef du pouvoir exécutif de la République Française
monta à la tribune et déclara ceci :

« Je viens remplir un devoir que je me reprocherais de
ne pas accomplir, et que vous-mêmes me reprocheriez
de négliger ; je viens, **au nom du Maréchal Bazaine,**
vous demander ce que, pour ma part, je considère
comme un grand acte de justice. Depuis assez longtemps
déjà, le Maréchal Bazaine m'avait écrit pour réclamer cet
acte de justice, qu'il voulait devoir à l'Assemblée Nationale.

» J'avais pris avec moi-même l'engagement de m'adresser à l'Assemblée, lorsque je croirais le moment venu.
L'occasion m'en étant offerte aujourd'hui, je dois la sai-
sir, sous peine de manquer envers un personnage qui a
eu l'honneur de commander, — et de commander glo-
rieusement, — une des plus nobles armées du pays...

» Le Maréchal Bazaine demande formellement qu'une
enquête soit ouverte, pour qu'on juge les évènements de
Metz ».

Un Conseil d'enquête, chargé d'émettre un *avis* sur toutes les capitulations de la guerre de 1870-71, est nommé

par décret du 30 septembre 1871. Ce Conseil fut présidé par le Maréchal Baraguey-d'Hilliers.

Le 12 avril 1872, le Conseil émit un avis défavorable à Bazaine.

Le Maréchal, devant l'attitude du Gouvernement, qui voulait tenir cachée cette décision, écrivit, le 3 mai 1872, à M. Thiers, la lettre ci-après (v. procès de Trianon, compte-rendu *in extenso*, p. 746) :

« Paris, 3 mai 1872,

» J'ai l'honneur de vous remercier d'avoir bien voulu me faire donner connaissance du rapport de la Commission d'enquête sur la capitulation de Metz.

» Je n'aurais jamais cru, avant cette lecture, qu'il fût possible d'accumuler contre un Maréchal de France autant de malveillantes insinuations, *sans qu'il ait été mis en présence de ses détracteurs*, et je n'accepte pas les blâmes qui sont énoncés dans ce rapport.

» Il vous appartient, Monsieur le Président, de traduire devant le Conseil de guerre l'homme qui, après avoir servi en soldat et non sans honneur, son pays pendant quarante-un ans, est exposé à supporter, contre toute justice, la responsabilité de tous nos malheurs.

» J'attends l'ordre de comparaître devant des juges qui m'écouteront.

» J'ai l'honneur d'être, etc.

Maréchal BAZAINE ».

Le vœu du Maréchal fut exaucé ! Bazaine aurait dû se souvenir de Lally-Tollendal et ne pas l'imiter. L'orage passé, l'opinion publique, remise des terribles secousses de la guerre, aurait connu de cette affaire et l'aurait jugée avec impartialité.

M. le comte d'Hérisson, dans *La Légende de Metz*, écrit (p. 211-214) :

« Le président (du Conseil d'Enquête) et l'un des membres les plus influents étaient ouvertement hostiles au Maréchal Bazaine.

L'inimitié du Maréchal Baraguey-d'Hilliers remontait à l'époque de la guerre d'Italie. Il commandait alors le premier corps, composé des divisions Forey, Bazaine et Ladmirault.

Le 20 mai 1859, jour du combat de Montebello, le Maréchal Baraguey était avec son état-major et la division Bazaine à Ponte-Curonne, la division Forey était à Voghera.

L'ordre était de maintenir l'ennemi en éveil pendant que le gros de l'armée exécuterait le mouvement tournant qui devait aboutir à la victoire de Magenta. Défense expresse avait été faite de s'engager.

Le général Forey, impatient d'effacer les impressions fâcheuses qu'avait fait naître, à tort ou à raison, sa conduite en Crimée, avait dit bien haut qu'il ne manquerait pas l'occasion de prouver qu'il était brave ; qu'il la ferait naître au besoin Il attaqua les Autrichiens à Montebello, malgré les ordres formels de son chef !

Le général Bazaine, ayant appris par le capitaine Piquemal, aide-de-camp du général Forey, que ce dernier était aux prises avec l'ennemi, courut aussitôt auprès du Maréchal, le suppliant de le laisser partir pour l'appuyer. Le Maréchal Baraguey-d'Hilliers, furieux de la désobéissance de son second, ne voulut rien entendre.

— Il n'a pas tenu compte de mes ordres, disait-il ; tant pis pour lui. Vous êtes ma réserve, et je vous défends de bouger.

Bazaine insista cependant tant et si bien que le Maréchal finit par lui permettre de partir, mais avec un régiment seulement, le 1ᵉʳ de zouaves, et encore avec l'ordre impératif et formel de ne pas, *quoi qu'il arrivât*, dépasser Voghera. On se battait à Montebello, à 6 kilomètres plus loin.

Bazaine, en arrivant à Voghera arrêta donc son régiment et fit former les faisceaux sur le champ de manœuvre de cette place. Ses officiers et ses hommes, impatients de prendre part à ce premier combat de la campagne, se mirent à murmurer, ne comprenant pas qu'on les immobilisât, pendant que se battaient leurs camarades.

Un bataillon de la division Forey partait à ce moment pour rejoindre.

Bazaine, avec son coup-d'œil habituel, prit sur lui d'engager le commandant de cette troupe à suivre, au lieu de la route, la chaussée du chemin de fer, qui devait l'amener sur les flancs de l'ennemi. Cet officier suivit le conseil, mais lui et ses hommes trouvèrent étrange la conduite de ce général, qui, au lieu de se rendre sur le lieu de l'action, se bornait à donner des avis et restait à six kilomètres en arrière, avec les troupes qu'il avait amenées.

De suite, prit naissance la légende que Bazaine n'avait pas voulu venir en aide à Forey, avec le secret désir de le voir battre. Ce bruit absurde se répandit avec la vitesse d'une traînée de poudre et arrivait le soir même aux oreilles de l'Empereur.

La bataille était gagnée ; mais Forey, n'étant pas soutenu, n'avait pu en tirer tout le parti qu'on était en droit d'attendre.

Le lendemain, 21 mai, l'Empereur voulut visiter le champ de bataille, sur lequel deux bataillons de la division Bazaine étaient occupés à rechercher les morts. Bazaine, qui n'avait pas été prévenu s'y trouva néanmois. Napoléon III l'accueillit avec sa bonté ordinaire, mais ne put s'empêcher de lui dire devant le Maréchal Baraguey-d'Hilliers, qui l'accompagnait :

« Il est regrettable, général, qu'il ne vous ait pas été possible d'arriver à temps pour soutenir Forey ! »

Pensant que le Maréchal allait élever la voix pour le défendre, Bazaine ne répondit rien d'abord, mais, voyant que son chef se taisait, il se trouva dans la nécessité de dire à l'Empereur que s'il n'avait pas dépassé Voghera, ce n'était qu'en vertu des ordres formels qu'il avait reçus. L'Empereur eut alors une explication assez vive avec le Maréchal Baraguey-d'Hilliers, qui fut obligé de convenir du fait, mais qui ne pardonna jamais à Bazaine de l'avoir fait prendre par le Souverain en flagrant délit de déloyauté envers son inférieur. (1)

Aussi, appelé à présider la Commission d'enquête, donna-t-il la preuve de cette hostilité lorsque vint l'affaire de la capitulation de Metz. Le Conseil appela force témoins à charge ; quant aux témoins à décharge, le très petit nombre de ceux qui furent entendus ne fut appelé que sur la demande formelle du Maréchal Bazaine qui, *lui-même, ne fut entendu qu'une seule fois* ».

Dans une lettre inédite, datée de Madrid, du 26 novem-

---

(1) Il est probable que M. Thiers ignorait cette cause de brouille entre les deux Maréchaux. Mais Bazaine aurait dû récuser son ennemi. (*Note de l'auteur*).

bre 1887 — lettre dont j'ai l'original sous les yeux, en écri-
vant ces lignes — l'ex-maréchal Bazaine donne, sur ce
point, les renseignements que voici :

« C'est effectivement sur mes démarches auprès de
M. Thiers, qu'enquête et Conseil de guerre ont eu lieu, et
j'ai par devers moi l'original de ma lettre, corrigée par
lui avec *son crayon bleu* ; je vous l'enverrai, si. vous
voulez.

» Le livre de d'Andlau (1) servait de guide aux questions
du maréchal-président (Baraguey d'Hilliers), qui en voulait beaucoup à l'empereur, pour ne pas lui avoir donné
un commandement actif en 1870. C'était un ennemi caché
de l'empire et un serviteur ancien des d'Orléans...

» L'article 264 du service des places, service réformé en
1873, *ne fut pas appliqué dans ses dispositions ;* et, au lieu du
secret recommandé sur ses délibérations (du conseil
d'enquête), assistaient aux séances deux sténographes
de la Chambre.

» L'opinion publique était ainsi influencée à l'avance.

(*Signé*) Maréchal Bazaine. »

***

Trois jours après la réception de la requête du maréchal Bazaine à M. Thiers, président de la République,
M. le général de Cissey, ministre de la guerre, montait à
la tribune de l'Assemblée nationale, et déposait un projet
de loi modifiant la composition des conseils de guerre,
appelés à juger « les hauts dignitaires de l'armée ».

Le rapport qui se trouve au *Journal Officiel* du 6 mai
1872, annexe n° 1115, p. 3082, — débute par ces mots, qui
méritent de retenir l'attention :

---

(1) *Metz, Campagne et Négociations.* Le colonel d'Andlau était un officier
de l'état-major du maréchal Bazaine. Cet écrivain a mal fini. Il a sombré —
quoique général et sénateur — dans une affaire d'escroquerie, en compagnie
de la Ratazzi et de la Limousin, et a été condamné à cinq ans de prison.

(*Note de l'auteur*).

« Messieurs,

» Le maréchal Bazaine a écrit au Président de la République pour *demander* de lui donner des juges, en le faisant comparaître devant un conseil de guerre.

» M. le Président de la République a, sur-le-champ, ordonné la formation d'un conseil de guerre... »

Le lendemain, 7 mai 1872, une instruction est ouverte et un ordre d'informer est délivré.

Le 24 mai 1873, M. Thiers est renversé. M. le maréchal de Mac-Mahon est nommé Président de la République à sa place.

Le 25 juillet — deux mois après — Bazaine est renvoyé devant un conseil de guerre, qui devra se réunir à Versailles le 6 octobre suivant.

Dans les premiers jours d'octobre, les membres du conseil de guerre sont désignés.

Le président est Henri d'Orléans, duc d'Aumale, fils de Louis-Philippe.

Fait assez curieux : ceux qui traduisaient Bazaine devant la justice militaire, pour faire juger sa conduite à Metz, étaient d'anciens subordonnés du maréchal à l'armée de Metz : le ministre de la guerre, général du Barrail, qui avait signé l'ordre de mise en jugement, avait été un de ses généraux de cavalerie.

Le gouverneur de Paris, général de Ladmirault, qui avait fixé la composition du conseil de guerre, avait été commandant de corps sous ses ordres, ainsi que le chef de l'Etat lui-même, M. le maréchal de Mac-Mahon, duc de Magenta, de qui les généraux du Barrail et de Ladmirault tenaient leurs dignités actuelles (1).

Nous détachons les lignes suivantes de l'ouvrage déjà cité : *La légende de Metz* (pp. 225-246, *passim*) :

(1) On lit, dans le *Journal Officiel* du 12 février 1904, le passage suivant d'un discours prononcé à la Chambre par le commissaire du gouvernement (discussion du projet de loi permettant au ministre de réintégrer, par décret, les officiers mis en réforme) :

« L'officier en réforme (serait) exposé à retrouver dans le conseil d'enquête,

« La composition du conseil de guerre, que l'on représentait comme à peu près impossible sous le gouvernement de M. Thiers, fut arrêtée, en un instant, sous le gouvernement du maréchal de Mac-Mahon.

» La très grande majorité des membres de ce conseil était *orléaniste*. Plusieurs de ces officiers-généraux avaient été soit officiers d'ordonnance, soit aides-de-camp du roi Louis-Philippe. Ce n'était pas habile : c'était montrer, par trop clairement, que le procès n'était que politique.

» Mais au moins, comme cela, on était sûr des résultats, et le seul prince d'Orléans qui fût resté orléaniste, en était, sur sa demande. nommé président.

» *Sur sa demande.* Je dis bien. M. Thiers l'a déclaré à plusieurs reprises. Quel était le but de M. le duc d'Aumale, en réclamant l'honneur de présider un conseil de guerre qui devait dégrader un soldat français et condamner à mort un des maréchaux du gouvernement qui l'avait exclu, lui et les siens ?

» En premier lieu, satisfaire une rancune bien naturelle ; puis, en présidant un conseil qui donnait ainsi satisfaction à l'opinion publique, acquérir une popularité que la question des millions avait fortement compromise (1).

» Comment n'a-t-on pas compris, à cette époque, que M. le duc d'Aumale aurait dû être le dernier désigné pour présider un pareil conseil ? — Il était juge et partie ; il était incompétent.

» On a parlé de son ancienneté comme général, pour expliquer cette présidence : on a encore trompé l'opinion

non ses pairs, mais peut-être ses *anciens subordonnés*. Cette conséquence serait absolument contraire à tous les principes admis en matière de justice et de discipline militaires ».

Pourquoi a-t-il été permis que d'anciens subordonnés, sinon aient jugé le maréchal Bazaine, du moins aient choisi ses juges ?

Savait-on si Mac-Mahon, Ladmirault. du Barrail, n'avaient pas commis en 1870 de graves fautes, dont ils avaient intérêt à rejeter le poids sur leur ancien chef ?

(1) On sait qu'alors que la France râlait sous le couteau prussien, les d'Orléans avaient obtenu de l'Assemblée Nationale le paiement de 40 millions qu'ils prétendaient leur appartenir.

(Note de l'auteur).

publique. Le duc d'Aumale n'était pas le plus ancien officier-général de l'armée, puisque le général Schramm était plus ancien que lui...

» Le gouvernement avait assumé toute la responsabilité de la sentence (de condamnation)... en donnant la grand'croix de la Légion d'honneur à deux des juges, quelques jours seulement après leur entrée en fonction. Fait sans précédent ! En supposant que les deux officiers généraux méritassent cette haute récompense, le moment était mal choisi pour là leur donner. C'était, en apparence du moins, acheter leur voix ».

Nous empruntons aux Mémoires inédits d'un ancien officier de l'armée du Rhin, le passage ci-après :

« Thiers a déclaré ceci : le maréchal Bazaine m'avait demandé des juges ; je n'avais pas le droit de les lui refuser ; mais si j'avais trouvé un tribunal capable de prononcer une condamnation, j'aurais, moi, Thiers, prononcé la grâce entière, et j'aurais fait suivre cet acte d'une proclamation à toute la France pour lui donner l'explication de ma conduite ».

A la fin de la préface de son livre : *Episodes de la guerre de 1870* (1), l'ex-maréchal Bazaine a écrit :

« L'opinion publique a applaudi au procès qui m'était fait, me rendant seul responsable des malheurs de la patrie ! Et, cependant, qui, mieux que moi, l'avait servie avec le plus entier dévouement, la plus sincère loyauté, sous la monarchie, sous la République, sous l'Empire, en Europe, en Afrique, en Amérique, pendant près d'un demi-siècle !

(1) Bazaine a publié deux ouvrages sur sa campagne de Lorraine : l'un, *l'Armée du Rhin* (publié chez Plon, éditeur à Paris, en 1872), est une sorte de beau rapport militaire, accompagné de cartes très claires et superbement illustrées.

L'autre, qui a pour titre : *Episodes de 'a guerre de 1870 et le blocus de Metz*, parut, en 1883, chez Gaspar, éditeur à Madrid. Ce second livre constitue sa vraie défense, puisqu'il avait interdit au grand avocat qui l'assistait d'attaquer qui que ce fût dans sa plaidoirie.

Que n'a-t-il paru dix ans plus tôt !

» Quel est le parti politique, qui avait besoin de transformer en bouc émissaire un enfant du peuple, étranger
aux intrigues dés partis, et dont la conduite avait toujours
été inspirée par la loyauté militaire et l'abnégation du
soldat ?

» L'avenir répondra:

» *La bourgeoisie monarchique, formant la majorité de
l'Assemblée Nationale* ».

PREMIÈRE PARTIE

I

DE L'ARRIVÉE DE BAZAINE A METZ AU DÉPART DE
NAPOLÉON III POUR VERDUN

Le 16 juillet 1870, le maréchal Bazaine recevait du maréchal Le Bœuf, ministre de la guerre, une lettre de service lui confiant, jusqu'à l'arrivée de Napoléon III au
milieu des troupes, le commandement provisoire des
corps d'armée qui allaient s'échelonner sur notre frontière Nord-Est.

La guerre déclarée, l'Empereur quitta Paris pour se
rendre à Metz, accompagné du maréchal Le Bœuf, qui
prit le titre de major-général.

Le 5 août, le major-général écrit à Bazaine :

« Par ordre de l'Empereur, à dater de ce jour, les 2e, 3e et
4e corps d'armée sont placés, en ce qui concerne les opérations militaires, sous les ordres directs du maréchal
Bazaine ».

Enfin, le 12 août, le major-général lui adresse la dépêche
suivante :

« J'ai l'honneur de vous informer que, par décret en
date de ce jour, l'Empereur vous a nommé au commandement en chef de l'Armée du Rhin.

» Votre Excellence prendra immédiatement possession
de son commandement ».

A cette date, l'Armée du Rhin se composait : du 1er corps
(Maréchal de Mac-Mahon), du 2me (Général Frossard), du
3me (Général Decaen, qui allait être tué à Borny et remplacé par le Maréchal Le Bœuf, dont les fonctions de

major-général avaient pris fin le 12 août), du 4ᵐᵉ corps (Général de Ladmirault), du 5ᵐᵉ (Général de Failly), du 6ᵐᵉ (Maréchal Canrobert), corps en formation à Châlons, enfin du 7ᵐᵉ, en dépôt à Belfort. Ajoutons la Garde Impériale, dont le chef était le Général Bourbaki.

Bazaine se rendit sur la frontière et se mit immédiatement à la besogne. Tout était à organiser ; rien n'était prêt ; il fit de son mieux pour parer au plus pressé, hâter la mobilisation et passer du pied de paix au pied de guerre.

Il réunit les autorités civiles de Metz et les invite, en vue d'un siège possible, à faire rentrer les récoltes dans la cité ; à Thionville, il constate que l'armement de la place n'est pas achevé et y remédie ; il crée de nombreux comités de remonte pour les attelages de l'armée ; il se préoccupe de fournir des effets de campement, des voitures à bagages, des ambulances aux régiments qui arrivent ; il se met en rapports avec Strasbourg, Bitche et Belfort, points de concentration des 1ᵉʳ, 5ᵐᵉ et 7ᵐᵉ corps. Les approvisionnements font défaut, les munitions aussi ; et le Maréchal transmettait au Ministre, le 19 juillet, la dépêche suivante du général de Failly, dépêche qui résume et symbolise la situation générale :

« Aucune ressource ; point d'argent dans les caisses ou dans les corps ; nous avons besoin de tout, sous tous les rapports. »

C'est la contre-partie du fameux *bouton de guêtre* du maréchal Le Bœuf.

La deuxième quinzaine de juillet s'écoula sans faits de guerre. Chaque nation belligérante faisait occuper ses cantonnements ; mais les Allemands nous devançaient ; ils ne tâtonnaient pas, comme nous, allaient droit au but, tandis que nos soldats étaient promenés en marches et contre-marches, conformément aux instructions contradictoires venues du quartier-général impérial.

Le 31 juillet, a lieu un conseil de guerre qui décide, malgré l'avis de Bazaine, qu'on prendra l'offensive et qu'on envahira le territoire ennemi. C'était une idée de Frossard ;

il voulait montrer à son élève, le jeune prince impérial, ce qu'était la vraie guerre ; de là, l'affaire de Sarrebruck, le 2 août, qu'on chansonna, comme on sait :

> Et le fils ramassait des balles,
> Qu'on avait mis là tout exprès !

L'ennemi réplique, en nous attaquant, à son tour, sur deux points. Mac-Mahon voit son avant-garde écrasée, le 4 août, à Wissembourg, et le gros de son armée mis en déroute le surlendemain à Frœschwiller. La retraite du 1er corps est assurée par la charge héroïque de la division Bonnemains, sur la route de Reichshoffen.

Le même jour, 6 août, Frossard se faisait battre à Forbach-Spickeren.

C'était mal inaugurer la campagne.

Mac-Mahon, au lieu de défendre l'Alsace pied à pied, se dirige à marches forcées sur Nancy, descend jusqu'à Neufchateau et gagne Châlons, entraînant, dans sa course affolée, le 5e corps (général de Failly), qui était intact à Phalsbourg et n'avait pas brûlé une amorce.

L'empereur ordonne à l'armée de Lorraine de se replier sur Verdun. Le 14 août, le dernier échelon du 3e corps est attaqué par l'ennemi, avant de passer la Moselle ; le maréchal Bazaine fait faire volte-face à son arrière-garde ainsi insultée et, dirigeant la manœuvre en personne, refoule les Prussiens à Borny. Dans la lutte, il est fortement contusionné à l'épaule gauche par un éclat d'obus, qui vient s'amortir sur son épaulette.

Le 16 au matin, l'Empereur, jugeant la situation très-critique et voulant laisser toute la responsabilité des évènements à Bazaine, qu'il venait de nommer commandant en chef de l'Armée du Rhin, s'éloigne dans la direction de Châlons, escorté par le vaillant général Margueritte et ses chasseurs d'Afrique.

L'accusation a, pour cette première période de la campagne, formulé trois griefs contre Bazaine :

1o Il a laissé battre Frossard et n'a pas fait le nécessaire pour le secourir à temps ;

2o Il a mis, à passer la Moselle et à gagner les plateaux

de la rive gauche de ce fleuve, une lenteur calculée, de façon à permettre à l'ennemi de lui couper sa ligne de retraite sur Verdun ;

3º Il a voulu se débarrasser de l'Empereur, dont la présence le gênait, et qui aurait mis obstacle à ses projets ambitieux.

Examinons, sans parti-pris, ces trois reproches.

**

Napoléon III, en arrivant à Metz, le 28 juillet, était d'avis, comme le maréchal Bazaine, de s'en tenir à la défensive. Ses instructions du 22 interdisaient absolument de prendre l'offensive. Mais Le Bœuf et Frossard, présomptueux tous les deux, rêvaient de débuter par un fait d'armes retentissant ; et l'empereur, qui changeait d'opinion plusieurs fois par jour, suivant son interlocuteur, finit par se rallier à l'idée d'une offensive hardie sur Sarrebruck. Ce fut un combat d'avant-garde sans portée, qui n'eut aucune suite.

Bazaine écrit à ce sujet, dans un de ses livres :

« Il est évident que Sarrebruck est un point stratégique important, ainsi que Sarrelouis, si l'on veut entrer en Prusse, ou faire une diversion pour faciliter l'invasion de la Bavière. Mais ces opérations offensives sont nuisibles quand on ne conserve pas le point conquis au début des hostilités, parce que les troupes ne se rendent pas compte exactement de la raison pour laquelle on évacue la conquête faite à l'aide de leur dévouement ; leur confiance, leur moral s'en ébranlent pour la suite de la campagne. Et c'est ce qui a eu lieu ».

Le 4 août, l'Empereur télégraphie de Metz à Bazaine :

« Demain, 5, portez la division Decaen à Saint-Avold, où vous aurez votre quartier-général et vos réserves ; portez également la division Metman à Marienthal, la division Montaudon à Sarreguemines, et la division Castagny à Puttelange.

Napoléon ».

Bazaine n'avait donc eu aucune part au choix des lieux de rassemblement des corps d'armée, et le Président du procès de Trianon constatait un fait certain, quand il déclarait : « Les emplacements occupés le 6 au matin par les diverses divisions dont se composaient ces trois corps (second, troisième et quatrième) avaient été fixées par l'Etat-Major général ».

Le 6 août, jour de la bataille de Forbach Spickeren, le major-général télégraphiait à Bazaine qu'il pouvait être attaqué à Saint-Avold dans la journée. A 10 h. 26, Bazaine reçoit de Frossard la dépêche suivante datée de Forbach :

« L'ennemi a fait descendre des hauteurs de Sarrebruck vers nous de fortes reconnaissances, infanterie et cavalerie, mais il ne prononce pas encore un mouvement d'attaque. Nous avons pris nos mesures sur les plateaux et sur la route ».

Bazaine lui répondit :

« Quoique j'aie très peu de monde sous la main pour garder la position de Saint-Avold, je fais marcher les divisions Metman et Castagny. Je ne puis faire plus... Notre ligne est malheureusement très mince, par suite des disposition prises, et si ce mouvement est vraiment aussi sérieux, *nous ferons bien de nous concentrer sur la position de Cadenbronn.* Tenez-moi au courant ».

Voilà l'ordre du chef, contenu dans ces derniers mots.

En même temps, il envoie à son lieutenant la brigade de dragons du général de Juniac. Il télégraphie à l'Empereur :

« Pour faire suite à ma dépêche de midi, j'ai pris les dispositions suivantes : une brigade de dragons à Haut-Hombourg ; le général Metman, avec une brigade, se porte à Betting-lez-Saint-Avold, son autre brigade sur la position de Théding, à gauche de Cadenbronn, et il l'appuiera, en se portant de sa personne avec son autre brigade à Fœrschwiller ».

A 4 h. 45, Bazaine télégraphie à Frossard : « Donnez-moi de vos nouvelles, pour me tranquilliser ».

A 6 heures, il reçoit de lui cette dépêche :

« Ma droite, sur les hauteurs, a été obligée de se replier. Je me trouve compromis gravement. Envoyez-moi des troupes très vite et par tous les moyens ».

A 6 h. 15, Bazaine lui répond :

« *Je vous envoie un régiment par le chemin de fer*. Le général de Castagny est en marche vers vous ; il reçoit l'ordre de vous rejoindre. Le général Metman est à Betting. Vous avez dû recevoir la brigade de dragons du général de Juniac ».

A 7 h. 22, Frossard télégraphie : « Nous sommes tournés par Werden ; je porte tout monde sur les hauteurs ».

Comme c'était vague, Bazaine lui télégraphie :

« Je vous ai envoyé tout ce que j'ai pu. Définissez-moi bien les hauteurs que vous croirez devoir occuper ».

PAS DE RÉPONSE !

Bazaine pensait si bien que son lieutenant se conformait à l'ordre qu'il avait reçu et qu'il se retirait sur Cadenbronn, qu'il télégraphiait à l'empereur, à dix heures du soir :

« Les premières dispositions prises et dont j'ai rendu compte à votre majesté, forment des échelons d'appui pour M. le général Frossard et doivent couvrir sa retraite, si elle devient nécessaire. *Et je pense que nous pouvons tenir la position de Cadenbronn* ».

Dans son livre : *Episodes*, le maréchal, commentant ses ordres, écrit :

« La division Metman reçut, à midi un quart, l'ordre porté par un officier de mon état-major général, de se rendre, à la légère, à Betting-les-Saint-Avold, laissant un régiment et une section d'artillerie à Macheren, sur la position de Mattanberg ; elle devait se tenir prête à recevoir l'attaque par Merlebach, que le général Frossard faisait pressentir, ou à se porter à l'aide du deuxième corps, suivant les circonstances. Cette division se mit sous les armes, conformément aux instructions reçues la veille, dès qu'elle entendit le canon, et commença son mouvement immédiatement. Elle dut être rendue sur ses nouvelles positions de bonne heure, mais ne fut appelée à Forbach que vers sept heures, et, à son arrivée, elle n'y rencontra pas le commandant du 2e corps.

» Le même officier, continuant jusqu'à Puttelange, atteignit cet endroit à une heure, transmit au général de Castagny l'ordre de se porter sur Fœrschwiller, d'y laisser une brigade et de continuer avec le reste de ses troupes jusqu'en avant de Théding, à l'ouest de la position de Cadenbronn, se reliant avec le général Metman sur sa gauche et entrant en communication avec le général Frossard. Le général de Castagny continua son mouvement dans la direction dans laquelle il était engagé » (1).

Voici le rapport du général de Juniac au maréchal Bazaine :

« Après votre dépêche reçue le 6 août, à trois heures, à Haut-Hombourg, j'ai mis la plus grande rapidité à me rendre à Forbach. A mon arrivée, à quatre heures, j'ai eu l'honneur de voir le général Frossard qui, après m'avoir félicité de ma prompte arrivée, m'a renvoyé occuper les trois points de Marsbach, Benning et Merlebach. A la fin de la soirée et du combat, qui s'était passé en partie en face de moi, j'ai conservé mes positions. Mais, dans la nuit, ayant envoyé une reconnaissance sur Forbach, j'ai appris que le général Frossard l'avait complètement évacué pour se diriger sur Sarreguemines, *m'ayant oublié* ».

---

(1) On a reproché à Bazaine de n'avoir pas télégraphié aux généraux Metman et Castagny. On ignorait que les poteaux télégraphiques avaient été brisés et les fils coupés entre Saint-Avold et les localités où étaient établies les troupes du 3e corps.

Le général de Castagny télégraphie à son chef qu'arrivé en vue de Forbach, il a envoyé deux officiers qui ont rencontré le général Metman, par qui ils ont appris que Forbach avait été évacué par le commandant du 2e corps, avant six heures du soir.

Quant au général Metman, il adresse au maréchal Bazaine le télégramme célèbre, qui dit beaucoup en peu de mots : « *Cherché toute la nuit général* ».

M. le colonel du 8e de ligne déclare :

« Je suis arrivé sur le plateau de Spickeren avec le 8e de ligne, à quatre heures de l'après-midi ; nos bataillons ont lutté *et tenu la position jusqu'à neuf heures du soir* et ne se sont retirés qu'après cinq heures de combat, alors qu'ils manquaient de cartouches, n'ayant bu ni mangé depuis la veille, et surtout n'ayant pas vu un seul général sur le champ de bataille ».

Donc, le commandant du 2e corps, M. le général Frossard, n'a pas paru à Spickeren, là où se portait le principal effort de l'ennemi.

Nous voyons bien les fautes de Frossard : il oublie la brigade de dragons du général de Juniac ; il ne suit pas l'avis — qui équivalait à un ordre — que lui donne son chef de se concentrer sur un point déterminé, et, en s'écartant de cette ligne, il manque les divisions qui lui avaient été expédiées comme soutien ; il ne parait pas sur le champ de bataille de Spickeren, et reste à son quartier-général à Forbach.

Quelle pauvre leçon de choses, ce précepteur aurait donnée, ce jour-là, à son impérial élève, s'il l'avait eu auprès de lui !

Quant au maréchal Bazaine, il ne mérite aucun reproche pour sa conduite dans cette néfaste journée ; il fit pleinement son devoir, et nous pensons qu'il a eu le droit d'écrire :

• Il résulte suffisamment de ces documents : 1° que j'ai immédiatement envoyé du soutien au 2e corps ; 2° que les causes de l'arrivée tardive de ces renforts sont indépendantes de ma volonté ; 3° que l'arrivée successive des renforts aurait été un appui efficace pour le 2° corps, si sa retraite avait eu lieu sur Cadenbronn, position stratégique très forte, dont l'occupation aurait retardé momentanément la marche de l'ennemi victorieux, — mais surtout, si M. le général Frossard avait mieux dirigé le combat de Spickeren, n'ayant quitté son quartier général de Forbach qu'à cinq heures de l'après-midi » (1).

*
* *

L'empereur avait décidé, après les évènements du 6 août — défaites de Frossard à Forbach et de Mac-Mahon à Frœswiller (Alsace) — d'établir une seconde ligne de défense entre Moselle et Meuse. Bazaine, en conséquence de cette décision, achemina ses trois corps d'armée vers la Moselle.

La pluie vint ajouter aux douleurs de la retraite. Abandonner ainsi la Lorraine, sans continuer à combattre, c'était dur pour ces valeureuses troupes ; cela les démoralisait. Le générel Deçaen écrivait au maréchal, le 9 août :

« Je vous prie en grâce de ne pas me faire faire de mouvements aujourd'hui. Les hommes sont rendus de fatigue. Hier, arrivés à 11 heures et demie du soir, avec une pluie battante, *manquant de moral* (je regrette de vous le dire)... Les Etangs peuvent attendre à demain. »

Les Etangs étaient une position que le maréchal avait prescrit d'occuper ce jour-là. Il fallait que le désarroi des esprits fût bien profond pour qu'un officier, de l'énergie et de l'autorité de M. le général Decaen, qui devait mourir

(1) Un officier supérieur, ayant occupé une des plus hautes situations dans l'armée, appartenant au cadre de réserve, nous disait dernièrement qu'il tenait d'un des officiers de l'Etat-Major du général Frossard la déclaration qu'il n'était pas juste de rendre le maréchal Bazaine responsable, dans une mesure quelconque, de la défaite de Forbach.

Il n'en est pas moins vrai que des reproches sévères ont été faits au maréchal, au procès de Trianon, sur sa conduite dans la journée du 6 août. Il était donc de notre devoir de montrer à quel point ils étaient peu fondés.

héroïquement à Borny cinq jours après, se permît d'écrire à son supérieur sur un ton aussi familier.

Le 12 août, Bazaine est nommé commandant en chef de l'Armée du Rhin. Le lendemain, il met au rapport un *ordre*, que nous voudrions citer tout entier, tant il est ferme, précis, d'une allure vraiment française (nos lecteurs en trouveront le texte dans le compte-rendu *in-extenso* du procès Bazaine, p. 162). Il va pouvoir enfin, croit-il, réaliser le projet qu'il a conçu et qui est le suivant : l'armée de Lorraine connaît la région qui s'étend de la frontière à la Moselle ; nos troupes viennent de la traverser ; les trois corps qu'elle comprend vont se concentrer et, par une vigoureuse offensive, se retourneront vers les colonnes prussiennes qui les harcèlent, essaieront de les culbuter au-delà de la Nied allemande et de purger ainsi notre sol d'un insolent ennemi. Cette manœuvre hardie sera appuyée par le 1er corps, qui a reçu l'ordre de s'arrêter à Nancy, par le 5me et le 7me, qui devront rallier cette ville, et par le 6e, qui vient d'y arriver avec son chef, le bouillant maréchal Canrobert. Ces effectifs constitueront une seconde armée de *cent mille hommes,* qui occupera le plateau de Frouard, — avec Toul pour point de refuge, place où se trouve le grand parc (1). Cette idée nous paraît avoir quelque chose de grandiose et — pour autant que nous pouvons en juger, dans notre incompétence — de tout-à-fait approprié aux circonstances.

Le maréchal avait fait part à l'empereur, le 9 août, à Faulquemont, du plan qu'il proposait. Mais Napoléon III l'écarta, sous prétexte qu'en l'exécutant, on découvrirait Paris. Bazaine voulut le reprendre, lorsqu'il fut investi de la dignité de commandant en chef.

Dans son interrogatoire au procès de Trianon, il revient sur cette idée :

« Quand je commandais, dit-il, le 3me corps à Nancy — j'y suis resté près de deux ans — j'avais commencé un travail, et j'ai trouvé, en outre, dans les archives un travail

---

(1) Par suite de la non-réalisation de cette combinaison stratégique, le grand parc n'a jamais rejoint. A Gravelotte et à Saint-Privat, on devait se ressentir de l'absence des caissons qu'il contenait.

très intéressant du général Haxo, dans lequel il recommandait l'occupation de Frouard. C'est là que je croyais qu'on pouvait lutter avec avantage ; et, à mon sens, la principale faute a été de ne pas y transporter la lutte. »

Dans ses *Episodes,* il écrit :

« En prenant l'offensive, je pensais surprendre l'ennemi en flagrant délit de mouvement de flanc et pouvoir le rejeter au delà des Nieds. Si le succès eût répondu à mon attente, coupant l'armée allemande par la vallée supérieure de la Moselle, je pouvais arriver jusqu'à Frouard et commander ainsi la ligne du chemin de fer de l'Est, en occupant la très forte position du plateau et de la forêt de Haye, entre Nancy et Toul, position que j'avais signalée depuis deux ans à l'attention du ministre de la guerre. »

En même temps que le maréchal recevait du Major Général son brevet de chef de l'Armée du Rhin, la lettre suivante lui était remise :

« Plus je pense à la position qu'occupe l'armée et plus je la trouve critique. Car si une partie était forcée et qu'on se retirât en désordre, les forts n'empêcheraient pas la plus épouvantable confusion. Voyez ce qu'il y a à faire, et si nous ne sommes pas attaqués demain, prenons une résolution.

NAPOLÉON ».

Le nouveau commandant en chef répond, le même jour, à 9 heures du soir :

« L'ennemi paraissant se rapprocher de nous et vouloir surveiller nos mouvements, de telle façon que le passage sur la rive gauche pourrait entraîner un combat défavorable pour nous, il est préférable soit de l'attendre dans nos lignes, soit *d'aller à lui par un mouvement général d'offensive.*

» Je vais tâcher d'avoir des renseignements sur les positions qu'il occupe et sur l'étendue de son front. J'ordonnerai alors les mouvements que l'on devra exécuter, dont je rendrai compte à Votre Majesté. »

Tandis que le maréchal combinait dans sa tête le mouvement superbe que nous avons rappelé, il reçut de l'empeur la dépêche suivante, le 13 août, à minuit :

« La dépêche que je vous envoie, de l'impératrice, montre bien l'importance que l'ennemi attache à ce que nous ne passions pas sur la rive gauche. Il faut donc tout faire pour cela, et si vous croyez devoir faire un mouvement offensif, qu'il ne nous entraîne pas de manière à ne pouvoir opérer notre passage. »

L'impératrice télégraphiait de Paris, que le bruit courait que le prince Frédéric-Charles pourrait bien se diriger de Thionville sur Verdun.

Et, sur cette simple indication, Bazaine renonce à son idée ! Dans son livre il écrit :

« Pour que cette opération offensive eût été efficace, il fallait pouvoir profiter d'un premier avantage, par la surprise que l'ennemi en aurait éprouvée, et pouvoir le mener, l'épée dans les reins, jusqu'à la Nied française et mieux au-delà. Dans des conditions restreintes, c'était plutôt nuisible qu'utile ».

C'est l'évidence même. Mais Bazaine aurait dû ajouter autre chose : c'est qu'il eut tort d'abdiquer, entre les mains du souverain, ses prérogatives de chef de l'armée ; qu'il montra une impardonnable faiblesse, en renonçant à un plan qu'il croyait bon, pour prendre les ordres d'un lunatique comme Napoléon III, d'un homme inapte aux choses de la guerre, qui ne savait même pas lire une carte et qui pouvait être enclin, malgré lui, à sacrifier les intérêts vitaux de la défense à des préoccupations dynastiques ; il aurait dû reconnaître qu'après avoir contrarié les combinaisons du commandant en chef, l'ex-empereur ne l'a pas dégagé, le moment venu, des responsabilités encourues par suite de l'insuccès de ses propres combinaisons.

Lorsqu'il reçut la dépêche du 13 août à minuit, ci-dessus rapportée, le Maréchal aurait dû mettre à l'Empereur le marché à la main et donner sa démission, plutôt que de

ne pas être le maître à l'armée du Rhin. Il ne le fit pas.
Cela devait lui coûter cher.

Dans la journée du 12 août, l'armée était échelonnée le
long de la rive droite de la Moselle, prête à passer le
fleuve, suivant les instructions du quartier-général impérial. Pourquoi le passage a-t il été différé jusqu'au 14 ?
Parce que le général Frossard avait abandonné à Forbach
l'équipage de ponts ; qu'il fallut avoir recours à des ponts
de chevalets et que la crue des eaux rompit plusieurs de
ceux-ci, qu'on dut réparer. M. le chef du génie déclare
dans sa déposition (procès Bazaine, p. 252) : « *Sans l'acci-
dent du 12 au 13*, les ponts étaient certainement dans des
conditions excellentes ».

Bazaine écrit :

« Le général Coffinières, commandant supérieur du
génie de l'armée, me déclara, le 13, qu'il ne pouvait être
prêt avant le 14 au matin, d'autant que, dans la nuit du 12
au 13, une crue subite des eaux de la Seille et de la
Moselle, dues aux grandes pluies des jours précédents —
et peut-être aussi à la levée des vannes de l'étang de
Lindre par l'ennemi --, quelques ponts de chevalets
furent enlevés par la crue subite, qui avait, en outre, couvert d'eau les prairies en formant les abords ».

Le 14, dès les premières heures du jour, le passage
commença. Le quatrième et le deuxième corps avaient
traversé la Moselle ; le troisième corps, au centre, cou-
vrant la retraite sous les ordres du général en chef, avait
passé presque en entier, lorsque l'ennemi attaqua les
derniers régiments restés sur la rive droite. Une lutte
ardente s'engagea ; nous fûmes victorieux. C'est la
bataille de Borny, qui nous coûta 3.500 hommes. C'était
notre premier succès depuis l'ouverture des hostilités.
Il provoqua une joie générale dans l'armée de Lorraine,
et lorsqu'à minuit, le vieux Maréchal arriva au quartier
impérial, à Longeville-lès-Metz, tout couvert de la fumée
du champ de bataille, avec son épaulette déchirée par un
éclat d'obus, le corps meurtri, mais l'âme en fête, Napoléon III se précipita vers lui, lui prit les mains avec effu-

sion et lui dit : « Ce ne sera rien ; c'est l'affaire de quelques jours, et *vous venez de briser le charme* ».

A une heure du matin, Bazaine. en se retirant, traversa le salon du rez de chaussée de l'habitation de l'Empereur remplie d'officiers de sa Maison ; ces messieurs lui dirent :

« Vous allez nous tirer du guêpier dans lequel nous sommes, n'est-ce pas, Maréchal ? »

Celui-ci répondit avec simplicité : « Je ferai de mon mieux, Messieurs ! »

L'accusation était un peu gênée pour faire un grief à Bazaine de ce que les pluies et les Prussiens avaient retardé le passage du fleuve ; mais elle est redevenue âpre et dure, lorsqu'il s'est agi de la montée des troupes sur les plateaux de la rive gauche. — Vous avez accumulé vos trois corps d'armée, lui a-t-on dit, sur une seule route, et un désordre considérable s'en est suivi. Vous espériez bien que, pendant ce temps, l'ennemi vous devancerait, en passant par le sud, et vous couperait votre ligne de retraite.

Bazaine répondit : Il n'y avait qu'une seule route pour aller de Metz à Gravelotte ; ce n'était ni mon fait ni ma faute ; les troupes ont dû la prendre ; 150.000 hommes se déplacent plus lentement qu'un bataillon ; mes instructions portaient qu'à Gravelotte l'armée bifurquât, qu'une partie passât par Mars-la Tour, l'autre par Conflans. Vous savez où je me trouvais le 14, j'étais aux prises avec l'ennemi ; qu'aurait pensé de moi l'opinion publique, si je n'étais pas resté le dernier sur la rive droite du fleuve, après m'être assuré que tout mon monde était hors de danger ? D'ailleurs, un général en chef ne peut pas surveiller l'exécution des moindres mesures.

« On donne des indications aux généraux ; mais il faut qu'ils prennent sur eux les détails. »

Voici, d'abord, les indications générales sur cet objet, que le Maréchal avait insérées dans son Rapport du 13 août :

« Les bagages des corps ne devront, à moins d'ordres contraires ou de marches très à proximité de l'ennemi, avoir d'autres gardes que les hommes chargés de leur conduite, les ordonnances d'officiers et un petit nombre d'hommes mis à la disposition des vaguemestres ; et MM. les prévôts de division devront veiller scrupuleusement à ce que, sous aucun prétexte, des hommes ne mettent leurs fusils ou leurs gibernes sur les voitures. MM. les Commandants de corps d'armée seront juges de l'opportunité qu'il pourrait y avoir à donner aux bagages une escorte plus considérable. Quant aux transports auxiliaires de l'administration, ils devront toujours être maintenus au moins à une demi-journée en arrière des corps d'armée.

» Le Maréchal insiste à nouveau sur la nécessité abso·lue qu'une fois en position de combat ou de campement, toutes les voies de communications en avant, à gauche ou à droite de chaque division, soient constamment dégagées de toutes voitures inutiles au combat ».

Si donc les voitures du convoi auxiliaire ont encombré les routes et ralenti la marche des colonnes, il faut s'en prendre aux états-majors qui étaient chargés de veiller à l'exécution des ordres du commandant en chef.

En ce qui concerne le choix des chemins et les débouchés des ponts, voici le résumé des instructions spéciales qu'avaient envoyées Bazaine à son état-major-général :

« S'assurer dans quel état se trouvent les ponts ; quelles routes y conduisent, quelles communications conduisent aux grandes routes *à leur sortie* ».

(Procès de Trianon, p. 160).

Sur ce point, Bazaine était tellement inattaquable, qu'on lit dans le compte-rendu des délibérations du Conseil d'enquête (séance du 17 février 1872) :

« M. LE GÉNÉRAL JARRAS (1). — Le 4ᵉ corps a commencé à passer la Moselle, le 14 au matin.

---

(1) Chef d'Etat-major-général de l'Armée du Rhin, nommé par l'Empereur lui-même.

» M. le Président. — Ordinairement, on envoie des officiers pour reconnaître les passages et conduire les
colonnes aux ponts. C'est ainsi que l'on agit quand on
veut exécuter exactement un ordre.

» M. le Général Jarras. — Je prie le Conseil de
remarquer que, quand on est à la tête d'un état-major-
général, et lorsqu'il y a — à côté des commandants de
corps d'armée — d'autres états-majors-généraux, il est
impossible d'entrer dans des détails aussi grands que
ces derniers peuvent le faire. C'étaient les état-majors-
particuliers des corps d'armée qui devaient reconnaître
les routes.

» M. le Président. — Cela se peut ; mais enfin, vous
ne l'avez pas fait ».

*
*

Examinons enfin le troisième reproche fait à Bazaine,
pour cette première période des hostilités.

Vous avez mis tout en œuvre, lui dit-on, pour éloigner
l'empereur de l'armée de Lorraine. — Le maréchal répond
qu'il a été fort étonné lorsque, le 15 août, Napoléon III lui
a parlé d'un départ possible, et le 16 août, à six heures du
matin, d'un départ immédiat.

La preuve, continue-t-on, que tel était votre but et qu'il
vous fallait assouvir votre ambition, c'est que vous avez
chargé votre femme d'aller trouver un député, afin que
ce député fît, auprès du ministre de la guerre, une
démarche tendant à votre nomination de commandant en
chef. — Ce que vous dites là est inexact, réplique Bazaine.

Il fallait démontrer cela ; et cette démonstration reste
encore à faire.

L'accusation a cité un témoin, M. le comte de Kératry,
ancien député, qui a déclaré ce qui suit *(Procès
de Trianon, p. 218)* :

« Vingt jours avant le 4 septembre, à huit heures du
matin environ, Mᵐᵉ la Maréchale Bazaine me fit l'honneur
de venir me voir, ma femme et moi. Elle demanda à me

parler isolément, et alors elle me dit qu'elle venait, de la part de son mari, déclarer que la présence de l'empereur compromettait les opérations militaires, qu'il n'en acceptait plus la responsabilité et qu'il désirait se retirer. Mme la Maréchale désirait que cette communication fût portée à la connaissance de la minorité... Dans la même journée, je communiquai à mes collègues l'entretien du matin.....

Me LACHAUD. — M. de Kératry veut-il dire que, devant vingt-sept députés, il a dit que M. le Maréchal Bazaine ne voulait plus obéir à l'Empereur ?

M. DE KÉRATRY. — J'ai fait part à ces vingt sept députés qui formaient l'Opposition, que le matin même j'avais eu un entretien avec Mme la Maréchale et que j'avais été chargé par elle de leur faire savoir que la présence de l'Empereur compromettait les opérations militaires, que le Maréchal ne voulait plus accepter la responsabilité et qu'il préférait se retirer. »

A cela, Mme Bazaine a répondu (*Lettre au Président; Procès de Trianon, p. 219*) :

« La visite que j'ai faite à M. de Kératry dans la deuxième quinzaine d'août 1870, est la conséquence de la question ci-après qui m'avait été adressée par l'impératrice à l'époque où Sa Majesté pensait à faire entrer dans la composition du conseil de défense plusieurs députés appartenant à l'opposition : « Avez-vous conservé des relations avec M. de Kératry ? » — Je répondis qu'elles avaient été interrompues, dès que le maréchal avait pris le commandement de la garde impériale, mais qu'il était facile de les rétablir, puisque, dans le passé, elles avaient été cordiales. J'allai donc le voir pour lui demander son opinion sur la situation militaire en général et sur la position du maréchal, dont je n'avais pas de nouvelles depuis quelques jours.

M. de Kératry me déclara que l'Empire était perdu, et que le Maréchal ferait bien de ne pas accepter la responsabilité de la désastreuse direction donnée aux opérations militaires, autrement dit, de se séparer de l'Empereur sous ce rapport. Cette idée vient donc de lui, et non pas de moi. — Paris, le 3 octobre 1873. »

Reprenons la déposition de M. de Kératry :

« Dans cette séance (des députés de l'opposition), on tomba d'un commun accord pour désigner trois délégués,

MM. Jules Favre, Ernest Picard et moi, qui furent chargés de se rendre auprès de M. le Ministre de la Guerre pour lui exprimer le désir de voir remettre le commandement en chef à M. le Maréchal Bazaine. »

Le ministre de la guerre écrivit qu'il ne se rappelait rien de pareil ; Jules Favre écrivit (*Procès de Trianon, p. 221*) : « Madame la Maréchale, ainsi que j'ai eu l'honneur de le dire de vive voix au Maréchal, je n'ai aucun souvenir du langage tenu par M. de Kératry à M. le Ministre de la guerre, lors de la visite que nous avons faite à ce dernier, au mois d'août 1870. » Quant à Ernest Picard, toujours spirituel, il se tut !

M. de Kératry doit donc confondre, et ses souvenirs l'ont trompé. Nous nous permettons d'autant plus de le penser que « vingt jours avant le 4 septembre », cela reporte exactement au 15 août. Or, Bazaine était commandant en chef depuis le 12 août. Il est peu vraisemblable qu'il n'ait pas télégraphié cette nomination à la Maréchale le 13 ou le 14 ; il est certain, en tout cas, que le Ministre de la guerre en était informé à ces dates-là, et, d'un mot, M. de Palikao aurait arrêté MM. de Kératry, J. Favre et Picard, si ces Messieurs étaient venus, le 15, lui demander la nomination de Bazaine au commandement en chef. Il leur aurait dit : C'est fait.

D'ailleurs, cette désignation était même antérieure au 12, puisque, le 9, l'Empereur télégraphiait à Mac-Mahon qu'il venait de le placer sous les ordres du Maréchal Bazaine (1).

---

(1) M. de Kératry a publié dans le journal *Le Matin*, du 21 novembre 1903, un article intitulé : « *Le Gouvernement de la Défense Nationale* », où il revient sur les évènements de la première période de la guerre de 1870.

Il raconte que, le 10 septembre, il trouva, sur son « bureau, la missive suivante, écrite, et laissée en son absence, au nom de l'ambassadeur d'Espagne » :

RÉPUBLIQUE FRANÇAISE
PRÉFECTURE DE POLICE

Paris, le 10 septembre

M. de Olozaga est venu dire à M. de Kératry ceci :

« Les membres du corps diplomatique, à l'unanimité, sauf deux de ses membres, voudraient aller à Tours, en même temps que les délégués du Gouvernement de la Défense.

» M. de Olozaga juge que ce départ ainsi combiné donnerait une certaine

II

GRAVELOTTE

Le 16 août, se livra autour de Rezonville une bataille de douze heures, qui honorera toujours nos drapeaux. Cette rude journée nous coûta 16.000 hommes et presqu'autant aux ennemis. Le lendemain, le commandant en chef faisait établir ses troupes sur les fortes positions défensives qu'on a appelées les lignes d'Amanvillers. Pendant la lutte, nous avions pris un étendard aux Prussiens. Comme on a écrit que le Maréchal le leur avait rendu, nous donnerons la courte lettre par laquelle le Ministre de la guerre lui en a accusé réception, après la conclusion de la paix :

« Monsieur le Maréchal, j'ai l'honneur de vous accuser réception de l'étendard pris à Rezonville (1) sur les trou-

force morale au Gouvernement, et que, par conséquent, il est de l'intérêt de celui-ci de l'organiser.

» M. de Olozaga demande aussi à emmener, à sa prière, la maréchale Bazaine, laquelle, dans la prévision d'une capitulation du Maréchal, veut être hors Paris, pour pouvoir rejoindre son mari.

» Toute cette communication, d'un caractère essentiellement officieux, M. de Olozaga prie M. de Kératry de la transmettre à qui de droit, dans le cas où il le jugerait opportun ; il attend la réponse de M. de Kératry ».

Et M. le comte de Kératry ajoute

« Je fis, le soir même, communication de ce document au Conseil des Ministres. L'étrange avant-dernier paragraphe donnait fort à songer ».

Nous ferons respectueusement remarquer à M. de Kératry que ce nouveau document, versé au procès Bazaine, au bout de trente-un ans, ne paraît pas présenter un caractère absolu de sincérité.

Nous attacherions de l'autorité à une lettre signée par l'Ambassadeur d'Espagne ou par un de ses secrétaires. Mais quelle valeur peut avoir ce qu'il nous présente et qui n'est, en somme, qu'un papier de police anonyme ?

(1) La bataille de Gravelotte porte aussi le nom de Rezonville. (*Note de l'auteur.*)

pes prussiennes, que vous avez bien voulu me faire remettre. Veuillez agréer l'assurance de ma haute considération,

« DE CISSEY. »

La conduite de Bazaine, dans ces mémorables circonstances, a fait l'objet de critiques. M. le général Pourcet, commissaire du gouvernement, a, dans son réquisitoire de Trianon, déclaré ce qui suit : « La bataille de Rezonville, glorieuse pour nos armes, n'amena pas cependant de résultat décisif. Les troupes couchèrent sur les positions conquises, mais l'ennemi avait pu se maintenir en face de l'armée française, qui ne recouvra pas le libre usage de la route de Verdun par le Sud..... Nous reconnaissons toutefois qu'une marche en retraite dans ces conditions (sur Briey, par le Nord, dès le 17 août) n'eût pas été exempte de dangers, et nous croyons qu'il eût peut-être mieux valu *compléter préalablement le succès du 16*, en attaquant l'ennemi le 17, pour le refouler dans les ravins de Gorze et, de là, sur la Moselle. »

(*Procès*, pp. 700-1).

De son côté, M. le commandant Rousset, de l'Ecole de Guerre, écrit dans son *Histoire de la Guerre Franco-Allemande*, tome II, pp. 45-50 — *passim* :

« En définitive, les résultats tactiques de cette longue et sanglante journée étaient purement négatifs : les Prussiens n'avaient pas plus réussi à nous chasser de nos positions que nous à les débusquer des leurs..... Avec de la décision et de la vigueur, tout pouvait encore se réparer. Mais le Maréchal ne voulait rien réparer ; la marche sur Verdun n'avait été commencée par lui que pour obéir aux ordres de l'empereur, et, celui-ci parti, il s'était hâté de la contremander..... Il eût fallu au maréchal Bazaine la ferme volonté d'exécuter cette retraite ou seulement celle de vaincre. »

Les deux officiers que nous venons de citer affirment tous les deux que Bazaine fut un traître : c'est la conclusion du réquisitoire de l'un et de l'ouvrage de l'autre. Mais, sur le sujet qui nous occupe, il existe, dans leurs appréciations, une différence très-sensible et qui méritait d'être notée. M. Pourcet parle d'un *succès* que nous aurions obtenu ce jour-là. M. Rousset indique simplement que nous aurions conservé nos positions de la veille.

Examinons ce que le maréchal allègue pour sa défense.

Et tout d'abord, où sont « les ordres » de Napoléon III, de marcher quand même sur Verdun ? Il n'y en a pas. Il ne pouvait pas y en avoir, ayant force de loi, au regard du maréchal. Qui dit responsabilité dit pleins pouvoirs. Napoléon I⁰ʳ, avec sa force de style et sa vigueur de pensée habituelles, a formulé ces règles que Bazaine a eu raison de rappeler dans son interrogatoire : « Un général en chef n'est pas à couvert par un ordre d'un ministre ou d'un prince éloigné du champ d'opérations ou ne connaissant pas du tout le dernier état des choses. — Tout général en chef, qui se charge d'exécuter un plan qu'il trouve mauvais et désastreux, est criminel. — Tout général en chef qui, en conséquence d'ordres supérieurs, livre une bataille avec la certitude de la perdre, est également criminel. — Un général en chef est le premier officier de la hiérarchie militaire. »

Mais si l'empereur ne laissait pas d'ordres, il avait eu, la veille de son départ, le 15, une conversation avec le maréchal. Aucun témoin n'y avait assisté ; nous ignorons ce qu'en a pu dire Napoléon III ; quant au maréchal, il en a résumé les conclusions dans son interrogatoire, ainsi qu'il suit :

« Je n'avais pas d'ordre impératif ; l'empereur m'a laissé toute latitude... J'avais de lui des ordres formels de ne rien compromettre et de ne pas m'engager entre la Meuse et la Moselle, si je n'étais pas sûr de réussir, mais de revenir sur le camp retranché... J'aurais une pièce à lire ; je crois avoir reçu cette communication le 12 ou le 13 (août) : « Constantinople, 10 août, 4 heures du soir, au ministre des affaires étrangères. Par une source sûre, j'apprends qu'une dépêche de Mayence reçue le

8 août par le ministre de Prusse à Constantinople, contient l'information suivante : « Si, dans la grande bataille qui est imminente, la victoire se déclare encore en notre faveur, nous poursuivrons l'ennemi jusqu'à Châlons, notre intention n'étant, dans aucun cas, de marcher sur Paris ». — Cette information m'a été transmise par une personne dont je dois taire le nom ; mais je fais remettre la note à M. le Président.

C'est l'empereur, qui me l'avait fait parvenir, en me disant : « Il faut tenir compte de cet avis et *éviter tout insuccès*, qui pourrait compromettre les réunions de troupes que nous devons faire à Châlons. »

Il y avait, en outre, un intérêt diplomatique à ne pas courir au-devant d'un insuccès, parce qu'il y avait encore deux puissances (1), qui, sans promettre leur concours, attendaient de nouveaux évènements pour se prononcer. ».

(Procès, pp. 167-70, passim)

Nos lecteurs comprendront toute la valeur et mesureront toute la portée des déclarations qui précèdent ; ce serait leur faire injure que de les commenter.

Bazaine a, dès que l'empereur fut parti, *contre-mandé la marche sur Verdun*, écrit M. le commandant Rousset, aujourd'hui lieutenant-colonel et député. Voici ce qu'expose, sur ce point, Bazaine, dans son livre : « Episodes sur la guerre de 1870 », que M. Rousset n'avait peut-être pas sous les yeux, en composant son remarquable ouvrage :

« Le 6 août au matin, les divers corps de l'Armée du Rhin occupaient les positions suivantes. Sur la route directe de Verdun, la division de réserve de cavalerie, commandée par le général de Forton, en avant de Vionville, devant éclairer la route depuis le 15 août. Le 2ᵐᵉ et le 6ᵐᵉ corps en arrière, occupant Rezonville, Vionville, Saint-Marcel, etc., — la réserve générale d'artillerie, entre Rezonville et Gravelotte ; à ce dernier village, la garde impériale.

(1) Nous pensons que le maréchal fait allusion à l'Autriche et à l'Italie.

Les 1er, 5e et 7e corps, du maréchal de Mac-Mahon, en retraite sur la Meuse par Neufchâteau.

Sur la route de Conflans, en avant de Doncourt, la division de chasseurs d'Afrique, commandée par le général du Barrail, devant observer la route depuis le 15, ce qui n'a pas été fait intelligemment. En arrière, auraient dû se trouver le 3e et le 4e corps.

L'ennemi, trouvant les routes libres et les ponts en amont en parfait état de conservation, nous avait gagné de vitesse. Filant par Pont-à-Mousson et Corny, il gravissait en toute hâte les défilés de Gorze et de Novéant, atteignait ainsi le plateau qui domine Mars la-Tour, pour couper notre ligne de retraite. *Cela n'aurait pas eu lieu, si l'armée d'Alsace ne s'était pas éloignée de nous, en laissant l'ennemi libre de tout entreprendre contre notre armée.*

Les instructions envoyées aux commandants de corps d'armée pour la marche sur Verdun prescrivaient aux 2e et 6e corps de suivre la grande route conduisant à cette ville par Mars-la-Tour ; les 3e et 4e corps devaient suivre la route par Conflans et Etain ; enfin, la garde impériale, à l'arrière-garde, devait suivre la trace de la colonne de gauche. Les troupes devaient marcher par pelotons à demi distance (suivent des précisions techniques que nous passons). Le départ devait avoir lieu dans la matinée, afin de donner aux troupes le temps de rallier ; mais l'ennemi prononça résolument son offensive vers neuf heures du matin par une vive canonnade sur le campement du général de Forton, puis sur le 2e corps. Il fallait faire face au danger le plus pressant, veiller sur le flanc gauche, tout en refoulant les attaques de front... C'est pendant l'un de ces mouvements offensifs de l'ennemi que, chargé par les hussards de Brunswick, il y eut du désordre dans le groupe d'officiers qui étaient près de moi, dont *les chevaux mal dressés* firent demi-tour, au lieu de me suivre. Je fus ainsi séparé d'eux, un moment entouré, et obligé de mettre l'épée a la main pour me dégager. » (1)

Il y a, dans le résultat incomplet de la bataille de Rezonville, un facteur dont il faut tenir compte : nous voulons parler de l'inertie du général Frossard, chef du 2e corps, la veille, le 15 août. Le lendemain du 16, nous n'avons pas pu continuer à suivre la route, qui passe par Mars-la-Tour, parce que cette position était aux mains des Alle-

(1) Parmi ces étranges officiers se trouvait le colonel d'Andlau.

mands. Si Frossard avait obéi aux ordres qui lui avaient été donnés, nos troupes s'y seraient établies avant l'ennemi, dès le 15. Quels étaient ces ordres ?

Dans l'interrogatoire du maréchal, on lit :

« *M. le Président.* — N'avez-vous pas verbalement, dans la journée du 15, donné les ordres suivants : Le 2ᵉ corps, dès qu'il verra la tête du 6ᵉ, continuera sa marche jusqu'à Mars-la-Tour ? »

Dans les *Épisodes*, Bazaine écrit (p. 75) :

« Il avait été prescrit au général commandant le 2ᵉ corps de s'établir à Mars-la-Tour ».

Si nous n'avions que ces allégations, nous ne parlerions pas de cet incident, car nous ne voulons apporter ici que des documents contrôlés. Mais la preuve de ces dires se trouve dans la déposition du général Jarras, chef d'état-major général de l'Armée du Rhin, au cours de l'information (1) :

« Je retrouve sur mon calepin une note que j'ai dû prendre sous la dictée du maréchal Bazaine, et d'après laquelle les 2ᵉ et 6ᵉ corps devaient attendre les ordres à Rezonville... Puis, si le 6ᵉ corps rejoint le 2ᵉ, dès que le général Frossard verra la tête de ce corps, il se mettra en marche jusqu'à Mars-la-Tour et sera remplacé à Rezonville par le 6ᵉ corps. *Il s'établira à Mars-la-Tour,* pour y passer la nuit ».

Le 6ᵉ corps rejoignit le 2ᵉ, mais Frossard ne bougea pas. Il fit mieux ; il refusa d'appuyer le général de Forton qui voulait occuper ce point essentiel, cette porte donnant sur Verdun. Dans son rapport, cet officier écrit au maréchal : « Je fis prévenir M. le général Frossard de la position où je me trouvais, et, *sur son avis,* après être resté deux heures en position devant Mars-la-Tour, *je me repliai* sur Vionville ».

(1) M. le général Jarras n'est pas suspect de complaisances envers son ancien chef. Ces deux officiers généraux, de leur propre aveu, n'eurent que des rapports de service sans cordialité.

Cette insubordination vis-à-vis du général en chef, nous la trouvons également chez Ladmirault, chez Canrobert, chez Mac-Mahon, chez d'autres encore, et quand le moment des règlements de compte arrivera, c'est Bazaine seul qui devra payer, et payer pour tous !

Qu'on nous permette d'ouvrir une parenthèse, en ce qui concerne la façon dont Ladmirault entendait l'obéissance envers son chef immédiat. On se souvient que, suivant un ordre de l'empereur, en date du 5 août, Ladmirault avait été placé sous la direction de Bazaine. Cela ne l'empêcha pas d'écrire à ce dernier, le 7 août, la lettre suivante (procès de Trianon, p. 140) :

« Votre excellence m'avait adressé, pendant la nuit et à la date du 6 août, une dépêche me prescrivant de mettre les trois divisions de mon corps d'armée en marche sur Saint-Avold. Cette dépêche m'est parvenue à 3 heures du matin ; elle avait été, sans doute, expédiée avant minuit. Aujourd'hui, 7 août, j'ai reçu à 4 h. 15 du matin, une dépêche expédiée de Metz, ainsi conçue : « Retirez-vous sur Metz, après avoir rallié vos divisions. NAPOLÉON. » — Cet ordre est donc le dernier qui m'ait été expédié et auquel je dois me conformer ».

Nous verrons plus loin que Mac-Mahon pratique un autre genre de désobéissance ou d'interprétation fantaisiste des instructions qu'il reçoit de son chef : tandis que Ladmirault se conformait au *dernier ordre* reçu, Mac-Mahon, lui, préférait se conformer au *premier ordre* donné...

Mais, avant de passer à Saint-Privat, il nous faut revenir sur ce que nous faisions remarquer au début de ce paragraphe, et nous disons :

Si, comme l'a affirmé M. le général Pourcet, Gravelotte a été un succès, Bazaine a été coupable — et coupable jusqu'à la félonie, — de ne pas profiter de l'entraînement de ses troupes pour culbuter les Prussiens, le lendemain de cette journée.

Si, comme l'assure M. le commandant Rousset, Bazaine a couché sur ses positions de la veille, il n'avait aucun motif avouable pour rétrograder, même légèrement, vers Metz, afin de se ravitailler ; il devait, comme l'a dit le président du conseil de guerre, « conserver ses positions du 16, en les rectifiant », et y attendre ses convois de subsistances et ses caissons de munitions.

Mais, nous le demandons, non sans émotion, à M. Rousset : son patriotisme ne l'a-t-il pas entraîné un peu loin, lorsqu'il a écrit que « les Prussiens n'avaient pas réussi à nous chasser de nos positions ? »

J'ai là une lettre inédite du condamné de Trianon, qui n'était pas destinée à la publicité, qui était adressée à quelqu'un à qui il ne cachait rien, lettre qui — pour moi, sachant ce que je sais — a un caractère absolu de véracité. J'ai longtemps hésité à la publier ; je m'y résouds, quoiqu'il m'en coûte, parce que la cause de la vérité est sacrée.

Voici cette lettre :

« Santillana, 26 août (1).

Vous avez sans doute le *Figaro* de ce mois et l'article qu'il contient intitulé : « Metz, août 1870. — août 1879 » ; il ne peut être plus erroné, et pour un journal aussi sérieux que le *Figaro*, je suis surpris de la facilité avec laquelle sont reçus de pareils articles.

On fera tant, que l'on me forcera à dire CE QUE JE N'AURAIS JAMAIS VOULU FAIRE SAVOIR :

1· Que les commandants de corps ont été insuffisants et désobéissants, à commencer par le Bayard moderne (2).

. . . .

3· Que le 16, à 9 heures du soir, l'armée était tellement éparpillée, fondue, pour ainsi dire, que, rencontrant le maréchal Canrobert à Rezonville, je lui demandai où étaient ses troupes.

---

(1) On sait que Bazaine s'était réfugié en Espagne, après son évasion de l'île Sainte-Marguerite. Cette lettre ne porte pas de millésime et l'enveloppe en est perdue.

(Note de l'auteur).

(2) Du rapprochement de cette lettre avec une précédente, il résulte que Bazaine, par ces mots, désigne Mac-Mahon.

(Note de l'auteur),

Il me répondit, en sifflotant, et en faisant tourner sa canne, qu'elles étaient *par là*, un peu partout..... et il était seul !

(Signé) M^{al} BAZAINE » (1).

III

BATAILLE DE SAINT-PRIVAT

Le 17 août, le maréchal établit son armée sur des positions qu'il avait choisies et où il espérait que l'ennemi viendrait l'attaquer. Il les jugeait inexpugnables et se croyait assuré d'une victoire prochaine qui lui permettrait de gagner Verdun par Briey, c'est-à-dire, par le Nord. Il ne fut qu'à moitié vainqueur, le lendemain, 18 août.

(1) Dans *Episodes de la guerre de 1870*, l'ex-maréchal Bazaine écrit (pp. 301-2) :

« Pourquoi M. le maréchal Canrobert n'a-t-il pas reproduit dans sa déposition devant le conseil de guerre *l'ordre qu'il avait donné*, dans la soirée du 16 août, au colonel commandant les chasseurs de la garde, *d'arrêter la retraite de l'infanterie ?* »

Le rapport de ce colonel s'exprime ainsi ;

« Je viens de dire que je donnerais une preuve du découragement de notre infanterie à la fin de la journée, la voici :

« Il était sept heures et demie environ, nous étions avec le régiment des guides près du village de Rezonville, devenu, depuis plus de trois heures, l'objectif central des pièces allemandes ; nous nous attendions à charger d'un moment à l'autre pour appuyer les grenadiers de la garde qui soutenaient et repoussaient la dernière attaque.

« Tout à coup, nous voyons sortir du village une masse d'infanterie marchant au pas, sans désordre apparent, mais composée d'un pêle-mêle d'un grand nombre de régiments, les officiers confondus dans la masse.

« Il se forma bientôt un intervalle dans lequel était le maréchal Canrobert. Le maréchal vint à moi, me parla avec une vive émotion que je partageai, du spectacle que j'avais sous les yeux, et me pria si, dans quelques instants, je n'avais pas d'ordres de mes chefs, ou si je jugeais qu'il n'y avait plus chance pour nous de charger, d'envoyer deux escadrons au bas de la côte pour arrêter cette masse, sourde et aveugle à force de découragement. Les deux escadrons furent envoyés ; mais ils trouvèrent un tel encombrement sur le côté de la route, que leur marche fut lente. La tête de cette masse avait avancé, la nuit tomba tout à fait, et ils ne purent remplir leur mission. »

Deux jours après ce beau fait d'armes, le maréchal adressait à ses héroïques soldats l'ordre général suivant :

« Le 20 août 1870.

» Officiers, sous-officiers et soldats de l'armée du Rhin,

» Vous venez de livrer trois combats glorieux, dans lesquels l'ennemi a éprouvé des pertes sensibles et laissé entre nos mains un étendard, des canons et 700 prisonniers. La patrie applaudit à vos succès et l'empereur me délègue pour vous féliciter et vous assurer de sa gratitude. Il récompensera ceux qui ont eu le bonheur de se distinguer parmi vous.

» La lutte ne fait que commencer ; elle sera longue et acharnée, car quel est celui de nous qui ne donnerait pas la dernière goutte de son sang pour délivrer le sol natal ?

» Que chacun de nous, s'inspirant de l'amour de notre chère patrie, redouble de courage dans les combats, de résignation dans les fatigues et les privations.

Soldats !

N'oubliez jamais la devise inscrite sur vos aigles : *Valeur et discipline!* et la victoire est assurée, car la France est derrière vous !

» Au grand quartier-général du Ban-Saint-Martin.

» *Le maréchal commandant en chef,*

» Bazaine. »

Nous disions que nos troupes n'obtinrent, le 18 août, qu'une demi-victoire. En effet, notre aile droite, commandée par le vaillant maréchal Canrobert, fut tournée, à huit heures du soir, par le corps du prince de Wurtemberg et obligée de se replier, ce qu'elle fit en bon ordre, sous le feu protecteur de l'artillerie de la Garde, dirigée par Bourbaki. *Ce sont les hasards de la guerre!* disait froidement, à Marengo, le premier Consul, en cravachant sa botte droite d'une main énervée, lorsqu'il se vit vaincu, et avant de savoir que Desaix marchait au canon. Nous aurions dû en dire autant de Saint-Privat et ne songer qu'à décerner des éloges aux soldats et aux chefs.

Mais Bazaine étant poursuivi pour trahison, l'accusation ne put pas admettre que, même pendant un jour, il ait fait son devoir. La chaîne de forfaiture se rompait ; il fallait, à tout prix, ressouder l'anneau brisé.

Comment, il est possible que, le 18 août, Bazaine n'ait pas prévu la capitulation de Sedan, l'internement de Napoléon III en Allemagne, la fuite de l'impératrice, la révolution du 4 septembre et la proclamation de la République ! Mais alors l'échafaudage du réquisitoire s'écroule, avant d'avoir servi ! C'est ce que l'accusation ne peut accepter. Aussi se jette-t-elle avidement sur un mot mal entendu par un commandant qui, au cours de la bataille, avait croisé le maréchal et qui, au milieu du sifflement des balles et du tonnerre des obusiers, avait compris : *rentrer*, lorsqu'on lui avait crié : *rester*.

En conséquence, elle dit à Bazaine : « Vous avez laissé battre Canrobert à Saint-Privat, comme vous l'avez fait à Forbach, pour Frossard ». C'était aussi vrai dans l'un que dans l'autre cas, mais pas dans le sens auquel l'entendait l'accusation. « Vous avez déclaré au commandant de Beaumont que la Garde, envoyée au secours de Canrobert, devait *rentrer*. » — Pardon, répond en résumé le maréchal, j'ai, au contraire, dit à cet officier que la garde devait *rester*. Tous mes actes, dans cette journée, prouvent que je voulais être victorieux : ma réputation y était intéressée, si vous ne voulez pas que j'invoque le sentiment du devoir. Mes 3e, 4e et 2e corps ont repoussé l'ennemi ; c'est quelque chose pourtant que cela ! J'ai passé ma journée à aller d'un corps à l'autre et cependant je souffrais beaucoup de ma contusion reçue à Borny ; si je me suis tenu de préférence sur le plateau du Saint Quentin, c'est que j'y apercevais les vigies qui, du haut de la cathédrale, me renseignaient sur les mouvements des Prussiens qui débouchaient sur la rive gauche à Ars-sur-Moselle et tendaient à me couper de Metz, où étaient l'arsenal, mes munitions, mes subsistances, les magasins de mon armée et mes dix-huit mille blessés.

Quant à Canrobert, je lui ai envoyé des renforts, dès qu'il m'en a demandé et, dès trois heures de l'après-midi, j'ai prescrit à Bourbaki de lui amener mes réserves.

Ce qu'ajoute Bazaine, dans son ouvrage : *Episodes*, et ce qu'il n'avait pas voulu dire à l'audience, par considération pour son compagnon d'armes (ce en quoi il a eu grandement tort, car plus il ménageait ses lieutenants, plus ceux-ci l'accablaient, pour se disculper de leurs fautes), — c'est ceci :

« L'action fut des plus meurtrières pour l'ennemi, qui nous attaqua avec des forces très supérieures et une artillerie formidable. J'espérais que mes *ordres réitérés* de s'établir solidement auraient été mis à exécution, et alors les fortifications passagères, dont les flanquements auraient été armés de mitrailleuses, auraient suppléé au nombre ; mais *on n'en fit rien*, et quand M. le maréchal Canrobert me fit dire, à 8 heures et demie du soir, que c'était un désastre, il était trop tard pour y remédier ».

Voici les pièces relatives à cet incident. Nous les tirons du compte-rendu *in extenso* des débats du procès de Trianon.

M. le commandant de Beaumont déclare (p. 278) : « Je venais de porter un ordre au fort Saint-Quentin, de la part du général Bourbaki, lorsque je rencontrai M. le maréchal Bazaine sur la route de Plappeville au Gros-Chêne. Il me fit l'honneur de me reconnaître et m'appela. Il me dit : « Où allez-vous ? » Je lui rendis compte de la mission dont j'étais chargé. « Puisque vous allez rejoindre le général Bourbaki, me dit-il, dites-lui de prévenir le maréchal Canrobert, qui est devant lui, *qu'il rentre* avec toute la Garde ».

D'autre part, M. le capitaine de Mornay-Soult (1) déclare (p. 278) :

(1) M. le capitaine de Mornay-Soult de Dalmatie descendait du maréchal Soult, qui occupa, comme on sait, après un assaut magnifique, le plateau de Pratzen, clef du champ de bataille d'Austerlitz.

« J'ai eu l'honneur d'accompagner M. le maréchal Bazaine, lorsqu'il est monté à cheval pour se rendre sur le plateau du Saint-Quentin. Sur le plateau, M. le maréchal fit établir une batterie, afin de contre-battre une attaque probable qui avait l'air de se dessiner au loin... Après avoir vu ce qu'il y avait à voir, il revint vers le col de Lessy, qui sépare les deux plateaux. A ce moment, nous fûmes croisés par le capitaine de Beaumont, des dragons de la Garde. Le maréchal l'arrêta et lui dit : « Puisque vous allez retrouver le général Bourbaki, dites-lui qu'il se mette en communication avec le maréchal Canrobert, qu'il le prévienne *qu'il reste...* »

Entre ces deux affirmations contraires, émanant d'hommes également dignes de foi, nous hésiterions, si la question n'était pas tranchée dans le sens que lui donne le second témoin, par ce fait qu'un moment après (1), le général en chef, rencontrant quatre batteries de la Garde, encourage leur commandant à se porter au plus vite au secours du 6ᵉ corps.

Voici ce qu'a déposé, en effet, le général Clappier, au procès de Trianon (compte-rendu, p. 299) :

« Je commandais la réserve de l'artillerie de la Garde, quatre batteries à cheval. *A cinq heures et demie* environ, nous avons reçu l'ordre de monter à cheval. Nous nous y attendions ; nos chevaux étaient garnis et nous descendîmes très-rapidement. Au col de Lessy, je rencontrai M. le Maréchal, *qui parut satisfait ;* il nous a dit: « C'est bien, continuez ! »
Nous avons continué et nous sommes arrivés à Amanvillers, où nous nous sommes mis en batterie à gauche de l'artillerie du 6ᵉ corps ».

---

(1) Que le lecteur veuille bien noter les heures. Lorsque M. de Beaumont eut déposé, le court dialogue suivant s'établit :
« *M. le Président.* — Quelle heure était-il ?
» *M. de Beaumont.* — Mes souvenirs ne sont pas précis ; seulement je crois qu'il pouvait être de quatre heures et demie à cinq heures. »
Une demi-heure après, le maréchal rencontre M. le général Clappier et lui tient le propos que nous allons rapporter.

* * *

L'accusation aurait donc dû, selon nous, se rendre à l'évidence et reconnaître que, le 18 août, M. le maréchal Bazaine avait fait tout son devoir et que la bataille de Saint-Privat, le choix des lignes d'Amanvillers, consacraient sa réputation de bon tacticien ; mais puisque la thèse, qu'elle voulait quand même étayer, l'a décidée à représenter le maréchal enfermé pendant toute cette journée à son quartier-général, et se frottant les mains avec une satisfaction abominable, chaque fois qu'on lui annonçait que la situation de Canrobert s'aggravait, force nous est de préciser la faute qu'a commise le commanmandant du 6e corps, faute dont les conséquences ont été l'interception de la route de Briey et l'obligation, pour l'armée de Lorraine, de se replier sous Metz.

Canrobert, lui non plus, ne s'est pas conformé aux ordres de son chef ; et non-seulement il lui a désobéi formellement, délibérément, mais encore il n'a pas pris les mesures de précaution que n'aurait pas négligées un simple lieutenant.

On trouve, dans *l'Armée du Rhin*, p. 69, le texte de la dépêche suivante, qu'aux débats publics du procès de Trianon, Canrobert reconnaît avoir reçue dans la matinée du 18 août :

« Le maréchal Bazaine au maréchal Canrobert, à Saint-Privat-la-Montagne.

» Metz, 18 août, 10 h. m.

» M. le maréchal Le Bœuf m'informe que des forces ennemies, qui paraissent considérables, semblent marcher vers lui... *Installez-vous le plus solidement possible sur vos positions...* Si, par cas, l'ennemi, se prolongeant sur notre front, semblait vouloir sérieusement attaquer Saint-Privat-la-Montagne, prenez toutes les *dispositions de défense* nécessaires pour y tenir et permettre à l'aile droite de faire un changement de front, afin d'occuper les positions en arrière, si c'était nécessaire, positions qu'on est en train de reconnaître... » (1)

Canrobert ne suit pas ces sages avis ; il ne fait pas ce que le moindre manuel lui prescrivait d'exécuter (2). Nous trouvons la preuve de cette négligence coupable dans les *Souvenirs militaires* du général Montaudon, qui commandait une division dans l'armée de Bazaine. Le paragraphe, dont nous extrayons ces lignes, a pour titre : « La lutte du 6ᵉ corps à Saint-Privat ».

« A une heure, on tire les premiers coups de canon sur Sainte-Marie-aux-Chênes ; malheureusement, au 6ᵉ corps, on n'a pas eu la précaution de faire des tranchées pour les hommes, des barricades dans les rues, des épaulements pour l'artillerie, des meurtrières dans les maisons, de sorte qu'au moment de l'attaque, les hommes trop agglomérés ne peuvent faire usage de leurs feux ». (page 125).

Laissons un instant de côté les tristes débats de ce triste procès et regardons d'un peu haut l'ensemble de cette première partie des opérations militaires.

Lorsque l'Histoire, rejetant la légende au néant, aura dit son dernier mot sur ces luttes grandioses ; lorsque les Mémoires qui s'y rapportent auront paru, c'est-à-dire, lorsque les vivants actuels ne seront plus, — la physionomie véritable du maréchal Bazaine pourra être définitivement fixée, et son rôle, à la tête de l'armée du Rhin, jugé avec une entière équité.

Alors — espérons-nous fermement — ces trois batailles de Borny, de Gravelotte et de Saint-Privat, ces trois glorieuses, rayonneront d'un pur et vif éclat ; elles honore-

______

(1) En même temps, Bazaine lui fait dire de « faire des tranchées-abris, des traverses, des abatis, des communications sous les bois ». Dès le 15 août, il avait envoyé le général de Berkheim, qui organisa tout son service d'artillerie, et le général Béchard, avec une compagnie du génie de réserve, car le maréchal Canrobert n'avait pas, pour des raisons que nous ignorons, amené un corps d'armée ayant toutes ses unités tactiques

(2) Voir, notamment, le *Cours d'art militaire*, qui a été professé à l'Ecole polytechnique par M. le général Favé, de l'Institut — chapitre sur « La fortification passagère », pp. 288 et suiv.

ront à jamais nos drapeaux, l'armée de Lorraine et le chef qui, par devoir, assuma la tâche écrasante de la diriger (1).

(1) Une revue anglaise, *The fornightly review* a, dans son numéro du 1er novembre 1883, publié une étude de critique militaire, signée Archibald Forbes. Cet écrivain avait assisté aux opérations sous Metz et parle de ce qu'il a vu :

« ... Bazaine, écrit-il, avait un double caractère. Dans les positions subordonnées, c'était un homme des plus capables. Sorti du rang, ancien simple soldat, il s'était élevé au sommet, uniquement par son mérite militaire. Sa bravoure personnelle était proverbiale. C'était un brillant officier pour commander depuis un peloton jusqu'à un corps d'armée, quand il agissait sous les ordres d'un supérieur.

Comme général en chef, son tempérament spécial ne permettait pas à ses qualités d'être aussi en relief. Il avait un don pour la guerre, *non pour le commandement*.... L'œil de Bazaine le servit bien dans son choix de la position de Gravelotte, et, dans cette sanglante journée, la conduite de son armée justifia pleinement sa préférence pour la défensive. Ce n'est pas trop de dire que les Allemands furent battus sur leur droite et au centre. Bazaine avait l'infériorité du nombre dans la défensive, ce qui est une pire condition que dans l'offensive. Il avait à parer à une variété très étendue de dangers, et quand on juge sa conduite à un point de vue large et impartial, j'ose avancer que la critique militaire de l'avenir dira que Bazaine a combattu à Gravelotte un bon combat dans de très mauvaises conditions ».

Un de nos ennemis, dans une publication intitulée : « La Campagne de Metz », par un général prussien, rend hommage à la bravoure de l'armée française dans la journée de Gravelotte :

« Six corps allemands, dit-il, 180.000 hommes avaient remporté cette victoire, mais aucun trophée, pas même un canon démonté, n'était resté entre leurs mains, comme un témoigné de leur succès, et plus de 40.000 morts et blessés attestaient l'acharnement inouï de ce combat de neuf heures, dans lequel la valeur allemande n'avait triomphé qu'avec peine de la ténacité française ».

DEUXIÈME PARTIE

IV

LA DÉCISION DU 26 AOUT

En même temps qu'il envoyait à ses lieutenants l'ordre du jour de félicitations aux troupes dont nous avons donné le texte plus haut, le commandant en chef demandait à chacun d'eux un rapport sur la situation de son corps d'armée. Il résulta de ces diverses notes que le moral des soldats et leur état sanitaire étaient bons ; que ni les vivres ni les munitions ne faisaient défaut, mais que les cadres étaient à reformer. Dix-neuf généraux, 1877 officiers avaient été tués ou blessés dans les batailles des 14, 16 et 18 août. D'ailleurs, quelques jours d'un repos bien mérité étaient nécessaires, après de si rudes journées. La protection des forts qui entouraient Metz l'assurait en toute sécurité.

Spécialement, les chefs de corps attiraient l'attention du maréchal Bazaine sur les points suivants.

Canrobert écrivait : « Un grand nombre d'officiers ont perdu leurs bagages et beaucoup de soldats leurs sacs ».

— *Bourbaki:* « Les pertes éprouvées par la Garde ont réduit les effectifs de 138 officiers et de 2.926 soldats. Il serait regrettable de les laisser diminuer encore, et votre Excellence appréciera sans doute l'urgence de donner suite à ma demande de contingents de la ligne pour les corps de la Garde ». — *Frossard :* • La perte la plus sensible a été celle des effets et ustensiles de campement ; le 6 août, la plupart des régiments avaient été forcés (??) d'abandonner leurs camps et y avaient laissé tous les effets... Les hommes ne peuvent plus faire la soupe et le café qu'en se repassant, d'une compagnie à l'autre, les quelques marmites qui restent. Cette situation rend le soldat triste, mécontent, sans que toutefois il se plaigne ». — *Le Bœuf:* « L'état moral est excellent, surtout chez le soldat ; les officiers, très dévoués et très braves au feu, sont naturellement un peu enclins à la critique, mais sans aigreur, *chacun d'eux ayant son plan de campagne* ».

Dans « L'Armée du Rhin », Bazaine écrit : « Bien qu'il m'eût été impossible, jusqu'alors, de reformer les cadres, je sentais trop la nécessité d'agir pour ne pas chercher, au moins par une diversion, à favoriser la marche vers nous que M. le maréchal de Mac-Mahon m'avait fait pressentir par sa dépêche du 18 août ».

Voici cette dépêche, qui fut la dernière que Bazaine reçut par la voie du Nord, le fil télégraphique de Metz à Thionville ayant été coupé par l'ennemi, ce jour-là :

« Camp de Châlons, le 18 août 1870, 8 h. du matin.

» Demain soir, toutes les troupes sous mes ordres seront réorganisées. Failly est à Vitry-le-François, Margueritte, avec une division de cavalerie, à Sainte-Méne-hould. Si l'armée du prince royal arrive en forces sur moi, je prendrai position entre Epernay et Reims, de manière à me rallier à vous, ou à marcher sur Paris, si les cir-constances me forcent à le faire ».

Le commandant en chef donna, le 25 août au soir, un ordre de marche qui devait être exécuté le 26 au matin. On lit dans l'interrogatoire de Bazaine (procès de Trianon, p. 178) :

« *M. le Président.* — Greffier, donnez lecture de l'ordre de marche.

M. le Greffier :

Ordre du mouvement à exécuter le 26, à la pointe du jour.

Le 3° corps laissera une division à Metz ; M. le maré-chal Le Bœuf la désignera. Elle prendra position en avant du fort Queuleu, près du village de Grigy, poussant ses compagnies de partisans vers Mercy, Ars-Laquenexy et même Aubigny, si on le peut. Elle fera également éclairer la route de Strasbourg. Les trois autres divisions du 3ᵉ corps, sa cavalerie et son artillerie, s'établiront en arrière de Noisseville, la droite sur la route de Sarrelouis, la gauche sur la hauteur entre Metz et Nouilly, vers la côte 241.

La division de Montaudon, qui est à Queuleu, commencera son mouvement de très-bonne heure, pour arriver en position en même temps que les autres. Elle évitera de se rapprocher de la ville *pour ne pas gêner les débouchés des autres corps.* Les bagages se réuniront à ceux de la division de cavalerie de Clérambault, sur les glacis du fort Givors. *en dégageant les routes.* Les bagages des divisions Aynard et Metmann et les services administratifs resteront massés près du moulin de Saint-Julien, en laissant les routes absolument libres.

Le 4ᵉ corps se placera en avant de la ferme de Grimont, à environ 1.800 mètres perpendiculairement à la route de Sainte-Barbe. La droite un peu en avant du village de Mey, près la côte 245, en se reliant au 3ᵉ corps, la gauche à environ 1.200 mètres en arrière de Villers-l'Orne. Le 4ᵉ corps s'entendra avec le 6ᵉ, *de manière à ne pas suivre les mêmes routes,* à prendre le pont d'amont de Chambière et à monter à la ferme de Grimont par le chemin de traverse qui part du moulin de Saint-Julien, de façon à ne pas gêner le mouvement du 6ᵉ corps... Les troupes laissées à la garde des lignes devront se faire voir, et la cavalerie opèrera de nombreuses reconnaissances, de manière à laisser croire à l'ennemi que ces lignes sont toujours occupées.

M. le général commandant de Metz donnera avis de ces dispositions aux commandants des forts détachés.

Ces mouvements devront s'exécuter sans sonneries ni batteries » (1).

---

(1) Nous n'avons donné qu'une partie de cet ordre de marche. Le surplus eut été oiseux. Nous pensons en avoir reproduit assez pour que le lecteur pense, comme nous, qu'il s'agissait d'un projet sérieux de sortie pour le 26 août.

Reprenons la citation de l'ouvrage *l'Armée du Rhin:*

« En conséquence, je prescrivis à toute l'armée de passer, le 26 au matin, sur la rive droite de la Moselle, et je déployai les troupes en avant du fort Saint-Julien. Mon but était d'attirer les forces ennemies sur cette rive, et, si le combat nous était favorable, d'en profiter pour tenir la campagne vers Thionville.

» Une tempête épouvantable arrêta tout mouvement. L'ennemi, retranché derrière ses positions, ne semblait pas disposé à accepter le combat, que nous aurions, du reste, entrepris dans des conditions trop défavorables, obligés que nous étions de nous porter en avant sur un terrain gras et rapidement détrempé, sous une pluie tellement épaisse que l'on ne pouvait voir devant soi.

» Je réunis, ce jour-là, dans le château de Grimont, tous les chefs de corps d'armée et les commandants d'armes spéciales en une conférence, dont voici le compte. rendu (1).

Compte-rendu de la conférence du 26 août

« ... Il (le maréchal) se décida à réunir les commandants de corps d'armée et les commandants d'armes, afin de leur exposer la situation et de leur demander leur avis. L'occasion se présentait naturellement au moment où toute l'armée était réunie sur les plateaux, en avant de Metz, sur la rive droite. Les commandants des 2e, 3e, 4e et 6e corps, le commandant en chef de la Garde impériale, le commandant de l'artillerie de l'armée (général Soleille) le commandant du génie, en même temps commandant supérieur de la place de Metz (général Coffinière de Nordeck), furent appelés au château de Grimont.

» En quelques mots, le maréchal commandant en chef exposa la situation, sans émettre d'avis concluant, et donna la parole au général Soleille.

---

(1) Nous n'hésitons pas à reproduire ce compte-rendu, parce qu'au cours des débats publics, les lieutenants de Bazaine en ont reconnu l'exactitude, à l'exception de Coffinières, dont nous prouverons plus loin le manque de mémoire. Nous rappelons que le livre *l'Armée du Rhin* parut en 1872 et que le maréchal fut jugé en 1873. *(Note de l'auteur).*

Opinion du général Soleille

» La première chose qui frappe l'imagination dans la situation actuelle, c'est l'analogie qui existe entre cette situation et celle de l'armée en 1814. A cette époque l'armée alliée avait dépassé Verdun et marchait sur Paris, comme le fait aujourd'hui l'armée allemande. L'empereur Napoléon Ier eut la pensée de réunir les garnisons des places du Nord et de se jeter sur la frontière, sur les communications de l'ennemi, pendant que l'armée envahissante irait se heurter contre les travaux de défense qu'il avait ordonné d'exécuter autour de Paris ; mais Paris n'était point fortifié, le plan de l'empereur ne put être réalisé. Aujourd'hui, l'ensemble de ce plan d'opérations est très exécutable. Paris est pourvu d'une double enceinte de forts et de front bastionnés, et la présence de l'armée du Rhin à la frontière, on peut le dire, précisément à la portée des communications de l'armée prussienne, doit singulièrement inquiéter l'ennemi.

» L'armée du Rhin a donc un rôle immense à jouer, et ce rôle, militaire aujourd'hui, peut devenir et deviendra certainement politique. Metz, en effet, est non-seulement une grande place de guerre, mais aussi et surtout la capitale de la Lorraine. En admettant une série de revers pour nos armées et l'obligation pour le gouvernement de traiter avec la Prusse, la possession de Metz, la présence de l'armée dans le camp retranché que nous occupons, pèseraient d'un poids immense dans les décisions à intervenir et sauvegarderaient vraisemblablement à la France la possession de la Lorraine.

Il ne faut pas se dissimuler, en outre, que *l'Armée du Rhin n'a de munitions que pour une bataille et qu'il est impossible de la réapprovisionner avec les ressources de la place.* Risquer un combat pour percer les lignes ennemies et entreprendre une marche pour rallier Paris ou tout autre point, ce serait s'exposer à user des munitions, à se trouver désarmé au milieu des armées prussiennes, qui s'acharneraient après nous, comme une meute de chiens après un cerf, et à compromettre le sort de l'armée. En restant, au contraire, dans nos lignes, nous maintenons l'armée intacte avec tous ses moyens d'action, nous menaçons constamment les communications de l'armée ennemie, qui peut éprouver un échec et se trouver obligée à battre en retraite et à se replier sur sa ligne d'opérations. Nous pouvons changer en désastre un mouvement rétrograde des Prussiens, et nous conservons au pays une garantie puissante dans tous les cas.

» L'armée ne restera pas inactive pour cela ; elle pourra faire de fréquentes pointes sur le périmètre des lignes ennemies, qui n'a pas moins de cinquante kilomètres ; elle frappera des coups sensibles, inquiètera l'ennemi et pourra même bouleverser ses travaux, couper ses convois et intercepter ses lignes de communications. Ces mouvements entretiendront son moral, la tiendront en haleine et seront même favorables à l'état sanitaire.

Opinion du général Frossard

» Le général Frossard est absolument du même avis que le général Soleille. Il ajoute que l'armée du Rhin, par suite des évènements accomplis, et il ne voudrait pas étendre cette opinion à l'armée entière, est bien plus propre à la défensive qu'à l'offensive; il règne dans cette armée une sorte d'épuisement, pour ne pas dire de découragement, qu'il est aisé de reconnaître (1). Si l'on se met en marche, on ne pourra plus compter sur elle après un premier combat, fût-il heureux. Si la chance des armes était défavorable, il serait impossible de la maintenir ; ce serait une armée dissoute, et le prestige qui l'entoure encore s'évanouirait complètement ; ce serait une déroute, dont les conséquences seraient incalculables. Comme contre-partie, le général Frossard expose que l'armée prussienne étant en retraite, le caractère propre au soldat français se manifesterait d'une façon entraînante et changerait, sans conteste, en désastre pour l'ennemi un mouvement rétrograde de sa part.

Opinion du maréchal Canrobert

» S. Exc. le maréchal Canrobert se range exactement à l'avis émis par le général Soleille et le général Frossard, en ce qui concerne la nécessité de ne pas compromettre l'armée par un mouvement offensif ; mais il y met une restriction. Le moral de

(1) Le lecteur protestera avec raison contre cette appréciation, que démentait la bravoure déployée par nos troupes dans les combats qui venaient d'être livrés (*Note de l'auteur*).

l'armée ne sera maintenu, l'armée ne vivra, même moralement, qu'à la condition de ne point rester inerte. Frappons des coups de tous côtés, donnons des coups de griffe partout et incessamment.

» Sortir de Metz pour s'allonger dans l'intérieur du pays, avec des colonnes immenses de bagages, d'ambulance, d'artillerie, que nous traînerions à notre suite et sur une seule ligne, est chose impossible.

» La conclusion est : qu'il faut rentrer sous Metz, frapper partout l'ennemi et, si l'on se décide à partir, laisser les *impedimenta*.

Opinion du général de Ladmirault

» Il est impossible d'entreprendre une affaire de longue haleine, car, à la première bataille, on serait usé, faute de munitions.

Opinion du maréchal Le Bœuf

» Le maréchal expose d'abord, en termes très vifs, qu'il n'est point responsable de la situation faite à l'armée du Rhin. Il a supporté jusqu'à ce jour le poids des accusations lancées contre son administration (1); mais il déclare qn'il n'a été ni consulté,

---

(1) C'est vainement que l'ancien ministre de la guerre du cabinet Emile Ollivier essaie de rejeter la terrible responsabilité qui pèse sur lui. Il savait, ou il aurait dû savoir, que nous n'étions pas en état de nous mesurer avec l'Allemagne. Il assistait au Conseil qui précéda la déclaration, faite le 15 juillet au Corps Législatif par le duc de Gramont; dans cette réunion des ministres, l'empereur lut un projet de lettre, aux termes duquel la France soumettait le différend, intervenu entre elle et la Prusse, à l'arbitrage d'une puissance amie; après cette lecture, Napoléon III dut s'absenter une demi-heure, ayant été atteint d'une crise de la maladie qui le tenaillait. On sait aujourd'hui, à n'en pas douter, que l'impératrice profita de cette absence momentanée pour retourner l'opinion des ministres et que, lorsque le souverain rentra dans la salle du Conseil, son projet d'arbitrage fut repoussé. La guerre allait être déclarée follement, criminellement, sans que le Ministre de la guerre prononçât le mot décisif, qui aurait épargné tant de malheurs.

(Voir, sur ce sujet, un article intitulé : « Les vraies causes de la guerre de 1870 », de M. Henri Welschinger, paru dans le *Journal des Débats* du 27 octobre 1903. Voir également « L'histoire du second Empire », tome VI, de Pierre de la Gorce. L'étude sur *La candidature Hohenzollern* est écrasante pour l'impératrice et le duc de Gramont. M. le maréchal Le Bœuf appartenait, lui aussi, à la coterie qui a *coulu* la guerre).

(*Note de l'auteur*).

ni écouté, lorsqu'il disait qu'un camp retranché comme Metz était fait uniquement pour permettre de constituer, à son abri, une armée prête aux exigences d'une situation que pouvait créer l'initiative de l'ennemi. On ne l'a point consulté, on ne l'a point écouté, et la dissémination de l'armée sur la frontière n'est point son œuvre. Il voulait la concentrer au début de la campagne, au lieu de la déployer, comme elle l'a été, sur la frontière.

» Conserver l'armée intacte est le grand et le meilleur service que l'on puisse rendre au pays ; mais comment le faire, sans vivres ?

Opinion de Bourbaki

» Mon désir le plus vif eut été de faire un trou par Château-Salins et de nous donner de l'air ; mais si nous n'avons pas de munitions, il est clair que nous ne pouvons rien faire.

Opinion du général Coffinières

» Il partage l'avis du général Soleille, et déclare que *la place de Metz et les forts ne sont pas encore dans un état de défense suffisant pour supporter une attaque régulière pendant plus de quinze jours* ; que l'armée doit rentrer sous Metz. Il indique les lignes qu'elle doit occuper sur les deux rives de la Moselle et les travaux qu'elle doit exécuter pour y être solidement établie ».

Et M. le maréchal Bazaine conclut en ces termes :

« L'armée devait donc rester sous Metz, parce que sa présence, maintenant devant elle plus de 200.000 ennemis, donnait le temps à la France d'organiser la résistance, aux armées en formation le temps de se constituer, et parce qu'en cas de retraite des Prussiens, elle les harcèlerait, si elle ne pouvait leur infliger de défaite décisive ».

On s'étonnera peut-être que nous ne suivions pas le Ministère public, au procès de Trianon, dans l'âpre critique qu'il fait de la décision qu'a prise Bazaine, le 26 août, de rester momentanément sous Metz.

M. le général Pourcet y voit un acte de trahison.

Mais alors, tous les commandants de corps et les chefs d'armes spéciales, qui s'y sont associés, étaient également des traîtres !

Nous nous permettons de penser que ces officiers-généraux étaient les meilleurs juges de ce qu'il convenait de faire à ce moment-là.

V

NOISSEVILLE

Le 29 août, le colonel Turnier, commandant de Thionville, faisait tenir au commandant en chef de l'armée du Rhin les nouvelles suivantes :

« Général Ducrot commande corps Mac-Mahon ; il doit se trouver aujourd'hui 27 à Stenay, gauche de l'armée.

» Général Douay à la droite sur la Meuse.

» Se tenir prêt à marcher au premier coup de canon ».

Le 30 août, à 10 heures du matin, le maréchal reçut de l'Empereur la réponse à la lettre qu'il lui avait adressée le 19 août, le lendemain de la bataille de Saint-Privat. Cette réponse, déchiffrée par M. de Mornay Soult, qui appartenait à son état-major, et qui était chargé, d'ordinaire, de ce travail délicat, — remplit de joie le commandant en chef. On allait donc se battre de nouveau ! L'Empereur annonçait qu'il s'avançait au secours de l'armée de Metz investie, avec la nouvelle armée formée au camp de Châlons et commandée par le maréchal de Mac-Mahon.

Bazaine reprit son ordre de marche du 26 août et ses instructions eurent pour objet d'attirer l'ennemi sur la rive droite de la Moselle, afin d'occuper certaines forces disponibles qui auraient pu, sans cette diversion, se tourner contre le duc de Magenta.

Voici, d'abord, le texte de la lettre qu'un garde fores·tier avait empo'rtée pour Napoléon III, qui lui parvint le 22 août et à laquelle il répondit immédiatement :

« Le maréchal Bazaine à l'Empereur, au camp de Châlons.

» Ban·Saint-Martin, le 19 août 1870.

» L'armée s'est battue hier toute la journée, sur les positions de Saint-Privat et de Rozérieulles et les a con·servées. Les 4ᵉ et 6ᵉ corps seulement ont fait, vers neuf heures du soir, un changement de front, l'aile droite en arrière, pour parer à un mouvement tournant par la droite, que les masses ennemies tentaient d'opérer à l'aide de l'obscurité (1).

» Ce matin, j'ai fait descendre de leurs positions les 2ᵉ et 3ᵉ corps, et l'armée est de nouveau groupée sur la rive droite de la Moselle, de Longeville au Sanzonnet, formant une ligne courbe passant par le haut du Ban-Saint·Martin, derrière les forts de Saint-Quentin et de Plappeville. Les troupes sont fatiguées de ces combats incessants qui ne leur permettent que les soins maté-riels et il est indispensable de les laisser reposer deux ou trois jours.

» Le roi de Prusse était ce matin, avec M. de Moltke, à Rezonville, et tout indique que l'armée prussienne va tâter la place de Metz.

» Je compte toujours prendre la direction du Nord et me rabattre ensuite, par Montmédy, sur la route de Sainte Ménehould à Châlons, si elle n'est pas fortement occupée. Dans le cas contraire, je continuerai sur Sedan et même Mézières, pour gagner Châlons ».

Et voici la réponse qu'un autre émissaire, M. Mache-rez, tailleur d'habits, remit à Bazaine, le 30 août au matin, comme nous l'avons indiqué :

(1) On dit: *menteur comme un bulletin*. Ici, évidemment, le maréchal cache la défaite de Canrobert. Il fallait ménager l'opinion, très énervée, et se préoccuper des puissances étrangères. Mais Napoléon III fut fixé bientôt sur la réalité des choses, car Bazaine lui envoya un de ses officiers d'ordon-nance, M. le commandant Magnan, qui lui dit tout. (*Note de l'auteur*).

« L'Empereur à maréchal Bazaine,

« Reçu votre dépêche du 19 à Reims ; me porte dans la direction de Montmédy ; serai après demain sur l'Aisne, où j'agirai suivant les circonstances pour vous venir en aide. Ecrivez-moi de vos nouvelles » (1).

Nos lecteurs nous sauront gré de reproduire la déposition du bon travailleur lorrain, qui apporta cette dépêche. Elle se trouve dans le compte-rendu *in-extenso* du procès de Trianon, page 408 (Paris, librairie du *Moniteur Universel*, 13, quai Voltaire, décembre 1873) :

« *M. le Président*. — Appelez le témoin Macherez.

» Ce témoin se présente à la barre, prête serment, et répond ainsi aux questions d'usage : Macherez (Louis-Félix-Frédéric), trente-cinq ans, tailleur d'habits, demeurant à Vaux-sur-Moselle.

M. le Président. — Faites votre déposition sur les faits dont vous avez déjà parlé à l'instruction.

M. Macherez. — Le 24 août 1870, je me rends au quartier général du Ban-Saint-Martin. Je reçois des mains du général Jarras trois lettres : l'une pour S. M. l'Empereur au camp de Châlons, les deux autres pour Mme Jarras et Mme Bazaine à Paris. Le 26 seulement, je parviens, après avoir tâté plusieurs points, à franchir les lignes prussiennes. N'ayant pu aller à Châlons, arrivé à Verdun le 27, à onze heures du matin, je remets au général Guérin, le plus haut personnage de la ville, ces trois lettres. Le

---

(1) Nous ne pouvons pas comprendre que l'on ait prétendu, au cours des débats, que cette dépêche émanait de Mac-Mahon. D'abord, Mac-Mahon n'avait pas qualité pour répondre à une dépêche qui avait été adressée à Napoléon III. Il aurait dit : « L'empereur a reçu votre rapport ou votre dépêche du 19 ». — Ensuite, M. le capitaine de Mornay-Soult a déclaré *(procès de Trianon*, p. 359), au sujet de ce document :

« Cette dépêche est arrivée le 30 août, à 10 heures du matin ; *je l'ai traduite moi-même*, et elle commençait par ces mots :

« Empereur à maréchal Bazaine. »

« Je suis sûr qu'il n'y avait pas : « Maréchal de Mac-Mahon. »

Il se peut que le duc de Magenta se soit chargé de la transmission de cette dépêche ; mais l'information émane de l'empereur seul.

Une longue discussion a eu lieu à Trianon sur la question de savoir si cette dépêche n'était pas arrivée à Metz le 23. Elle a eu pour conclusion cette parole du commissaire du gouvernement (compte-rendu, p. 710) :

« Il ne semble donc pas que ce fut la dépêche du 22, à dix heures cinquante-cinq minutes, que reçut le maréchal Bazaine le 23 ».

général me dit : « Je vais vous faire préparer une dépêche chiffrée pour le Maréchal Bazaine. C'est une dépêche très importante qu'il faudra porter le plus vite possible. » — Je lui répondis : « Oui, mon général ».

» En s'entendant pour le transport des dépêches (les trois lettres dont il est question ci-dessus), le général Guérin et son officier d'ordonnance discutaient ensemble s'il fallait partir avec une voiture, et l'officier d'ordonnance dit : « Je partirai à cheval, je choisirai deux cavaliers à mon idée et nous partirons. — Allez, lui dit le général Guérin, que Dieu vous protège ! ».

» A deux heures du soir, M. le général Guérin me remit la dépêche chiffrée pour M. le maréchal Bazaine ; il me dit : « Cette dépêche est très importante ; il faut la porter le plus vite possible ; je vous la recommande. — Bien, mon général, elle parviendra »

Je sors de Verdun et j'arrive à Etain, à sept heures du soir, le 27. Là, je remarque un grand mouvement de troupes dans les armées allemandes, et le matin du 28, qui était le dimanche, ces troupes se dirigeaient sur Verdun et formaient une très grande colonne. Cette colonne se composait des régiments suivants : 12e, 14e, 16e, 18e, 24e, 34· et 74· de ligne, marchant en tête, la musique jouant et, eux, hurrassant de tous leurs poumons.

Parmi ces régiments, je remarquai le 34e et le 74e qui sortaient de Vaux (1), investissant Metz ; ayant la crainte d'être reconnu, je rentrai même dans la boutique d'un quincaillier pour me fuir à leur vue. Après leur passage, je continuai ma route... Je rencontrai ces troupes d'Etain à Jeanlize, à droite de ce village. A droite et à gauche, c'étaient des canons et des caissons, dans le village, la troupe prussienne. En avant de Jeanlize, arrivait un train de convoyeurs qui suivait l'armée, conduisant les vivres ; même ces convoyeurs étaient en train de plumer de la volaille à pleine foison. De Conflans à Doncourt, il n'y avait plus que des postes, mais à Verneville était le lieu de réunion des vivres pour l'armée allemande ; à Verneville et à Gravelotte étaient des grands camps.

« Le 30 août au matin, je franchis les lignes prussiennes. J'arrivai au Ban-Saint-Martin, au quartier général, à neuf heures et demie du matin. Je fus reçu par M. le général Jarras, qui me conduisit au maréchal Bazaine. J'avais la dépêche chiffrée venant de Verdun. Je la donnai moi-même au maréchal, qui la donna à des

_____

(1) M. Macherez habitait Vaux-sur-Moselle.

officiers qui étaient là pour la traduire. Pendant que ces messieurs traduisaient la dépêche, le maréchal, se renversant sur sa chaise, me dit : « Racontez-moi comment vous avez rempli votre mission.» Je racontai alors à M. le Maréchal tout ce que je viens de raconter à M. le Président ; le Maréchal me félicita chaleureusement et me dit, en se tournant vers ces Messieurs :

« Ces nouvelles sont excellentes ; elles valent, pour nous, quatre divisions ».

Pour qui donc est faite la croix de la Légion d'honneur, si elle n'est pas décernée à des vaillants, comme M. Macherez ? Cela réconforte de voir à l'œuvre de braves gens comme cet ouvrier, au langage simple et d'une bonne humeur savoureuse, qui exécutèrent, sans s'en douter, de véritables actes d'héroïsme. C'était leur vie qu'ils risquaient, en établissant des communications entre les armées françaises, à travers les partis ennemis qui battaient l'estrade. Le récit,que nous venons de transcrire, nous montre, en outre, l'œuvre d'investissement en train de s'accomplir. « Le blocus se resserre », comme disait Catinat mourant, lorsqu'il sentit que le froid de la mort lui montait des extrémités au cœur.

Dans son ouvrage : *Episodes de la guerre de 1870*, le maréchal Bazaine dit :

« Je réunis l'armée, le 31, en avant des forts de Queuleu et de Saint-Julien. Je convoquai sur le terrain, entre midi et une heure, les commandants de corps d'armée. Je leur lus la dépêche de l'empereur, et leur donnai verbalement les premières instructions sur les mouvements offensifs qu'ils auraient à faire à deux heures précises, au signal qui serait donné par une salve de pièces de siège, que j'avais retirées de Saint-Julien pour battre les pentes de la position de Sainte-Barbe.

« Instructions sommaires.

Le 3ᵉ corps cherchera d'abord la position de Sainte-Barbe par sa gauche (château de Chenly) et prendra position à la côte 317 du bois de Chenly et à Avancy (cote 270).

» Le 4ᵉ corps abordera la position de Sainte-Barbe par sa droite (Villers-l'Orme, Faibly et Vrémy) et fera son possible pour aller prendre position à Sancy-les-Vignes, cotés 241 et 243.

» Le 6ᵉ corps abordera les positions au delà de Chieulles, Charly et Malroy, et se portera jusqu'à Antilly où, cote 193, il prendra position, appuyant sa gauche à Argancy (cote 186).

» Le 2ᵉ corps suivra la marche du troisième, en veillant bien sur la droite, et *est placé sous les ordres du maréchal Le Bœuf.*

» La garde en réserve. »

« J'appelai l'attention de ces Messieurs sur la gravité des circonstances, et j'indiquai, comme objectif à enlever de vive force, la position de Sainte-Barbe, ayant le projet, en cas de succès, de gagner Thionville par Bettlenville et Kédange, avec les 6ᵉ, 4ᵉ et 3ᵉ corps, en faisant filer la Garde et le 2ᵉ corps par la route de Malroy.

» La rive droite offrait l'avantage de ne pas traverser l'Orne, puis, prenant Sainte-Barbe pour objectif, l'ennemi était incertain si je me dirigeais vers l'Est pour couper ses communications, ou vers les places du Nord, afin de dégager le plateau de la rive gauche. Des guides, fournis par le personnel des eaux-et-forêts et des douanes, furent donnés à chaque corps, et ces braves gens se montrèrent des mieux disposés à se rendre utiles.

» Malgré mes instructions, la salve tirée, les officiers envoyés pour activer l'attaque, — le combat ne s'engagea qu'à trois heures, par suite de la lenteur et de l'indécision apportée dans les mouvements d'exécution. Chacun attendait que son voisin de droite ou de gauche eût bien prononcé son mouvement tournant.

» L'ennemi fut cependant repoussé vers Sainte-Barbe, et on s'empara de Servigny, de Noisseville et de Failly, mais on n'obtint pas les résultats immédiats que j'avais espérés par la prise et l'occupation du plateau de Sainte-Barbe, le même jour ; la nuit suspendit le mouvement offensif. Je rentrai entre onze heures et minuit au village de Saint-Julien, pour avoir des nouvelles de la rive gauche.

» Je repartis du village de Saint-Julien le 1ᵉʳ septembre, à la pointe du jour ; j'appris alors que les Prussiens, ayant fait un retour offensif, pendant la nuit, sur le village de Servigny, avaient réussi à s'en emparer de nouveau. Je n'en donnai pas moins l'ordre de continuer l'opération offensive commencée la veille.

» Malheureusement, un brouillard intense retarda l'attaque. Décidé à la pousser énergiquement, je fis préparer une charge par la garde et la division de cavalerie de réserve, sur un terrain convenable pour enlever les batteries légères de l'ennemi. Vers dix heures, M. le maréchal Le Bœuf. *qui défendait vaillamment Noisseville*, me donna avis, par le billet ci-après, qu'étant écrasé par un feu violent d'artillerie (l'ennemi dirigea sur ce village le tir de cinquante pièces) et son flanc droit étant menacé par l'approche de fortes colonnes ennemies, il était contraint à la retraite, ne se trouvant pas efficacement appuyé par les troupes du 2me corps.

« Billet du Maréchal Le Bœuf (au crayon), 1er septembre, neuf heures trois quarts du matin :

» La division Bastoul, du 2me corps, ayant battu en retraite, il y a une heure, *contrairement à mes ordres*, mon flanc droit est entièrement découvert. Je suis enveloppé de feu et de colonnes d'attaque, de front et de flanc. Après avoir tenu jusqu'au dernier moment, je me vois forcé de battre en retraite.

» Le Bœuf » (1).

» L'ennemi devenait entreprenant, et prenait de l'ascendant par son feu ; il était à craindre qu'il ne nous inquiétât pendant notre retour sur la rive gauche, car ses projectiles fouillaient déjà le terrain entre les deux forts (la redoute des Bottes n'ayant aucune action protectrice, puisqu'elle n'était ni achevée ni armée).

» Il fallut renoncer à cette opération, afin de pouvoir agir sur les plateaux de la rive gauche, dès que j'aurais eu des nouvelles de l'approche de l'armée de Mac-Mahon. »

---

(1) Dans une lettre justificative adressée, le 2 septembre, au maréchal Bazaine par Frossard, celui-ci défend son subordonné, le général Bastoul. Qui dit la vérité, du maréchal Le Bœuf ou du général Frossard ? — Ces mésintelligences entre commandants de corps furent bien funestes.

VI

SEDAN

Au moment où l'armée de Lorraine reprenait ses cantonnements, prête à marcher, dès qu'on entendrait le canon libérateur de l'armée de secours attendue, — cette armée, dite *armée de Châlons*, capitulait en rase campagne, livrant à l'ennemi 83.000 hommes, un immense matériel de guerre, 12.000 chevaux, 184 canons de remparts, 70 mitrailleuses et 330 pièces de campagne (1).

Il est indispensable, pour apprécier équitablement la conduite du maréchal Bazaine, de connaître les actes de son lieutenant, le maréchal de Mac-Mahon, pendant la période qui s'écoule du 9 août au 1er septembre 1870. Cette période se divise en deux parties : 1° du 9 août, jour où Mac-Mahon est informé officiellement qu'il est placé sous les ordres de Bazaine, nommé commandant en chef de l'Armée du Rhin, au 16 août, jour de son arrivée au camp de Châlons; 2° du 16 août à la journée de Sedan.

Ce que furent les rapports entre les deux maréchaux, pendant la première partie de cette période, Mac-Mahon va nous le dire. Dans sa déposition du 12 juin 1872, devant le magistrat-instructeur au procès Bazaine, il a déclaré ce qui suit :

« Jusqu'au 9 août (1870), j'ai été directement sous les ordres de l'empereur, avec lequel je correspondais, le plus souvent par l'intermédiaire du major-général. — Le 9 août, à Blamont, je reçus de ce dernier une dépêche m'informant que l'empereur, voulant mettre de l'unité dans le commandement, avait décidé que le maréchal Bazaine prendrait le commandement de tous les corps d'armée, et

(1) *La guerre franco-allemande*, par A. Le Faure, t. 1, p. 315.

*qu'à partir de ce jour, le commandant de chaque corps prendrait
directement ses ordres.*

» Ayant précédemment reçu pour instructions de me diriger
sur le camp de Châlons, je continuai ma marche vers ce point, et
je ne me rappelle point avoir écrit au maréchal Bazaine, avant
l'arrivée à ce camp. »

Mais si, pendant les sept jours qui se sont écoulés du
9 au 16 août, Mac-Mahon n'a pas daigné prendre les
ordres de son nouveau chef ni lui faire savoir où il était,
il a suivi un itinéraire qui a eu des conséquences désas-
treuses pour l'armée de Lorraine.

En quelques mots, rappelons les faits (1). On sait que
Mac-Mahon avait été nommé, le 28 juillet, commandant
du 1er corps, ayant son quartier-général à Strasbourg. Le
4 août, l'avant-garde de ce corps fut assaillie à Wissembourg et battue ; le général Abel Douay fut tué. Mac-
Mahon, qui avait télégraphié qu'il se rendrait sur le
champ de bataille, y fut vainement attendu. Le lendemain, il obtint de l'empereur que le 5me corps, général de
Failly, cantonné à Bitche, et le 7me corps, général Félix
Douai, en formation à Belfort, seraient placés sous ses
ordres.

Le 6 août, Mac-Mahon accepte le combat, dans des
conditions désavantageuses, à Frœschwiller, et, malgré
l'admirable conduite de ses troupes, voit son 1er corps
complètement défait. Il laisse, entre les mains de l'ennemi, 9.000 prisonniers. On a reproché au général de
Failly d'être resté à Bitche, au lieu de voler à l'aide du
1er corps. Pour sa défense, ce général a allégué qu'il
n'avait pas d'ordres et que Mac-Mahon n'avait qu'à lui en
adresser par le télégraphe, qui a fonctionné tout le jour
entre les deux quartiers-généraux.

Quelque temps après cette bataille, un honorable Alsa-
cien — de qui nous tenons le récit — apprit de M. Gérard,
le frère du fameux tueur de lions, propriétaire d'un hôtel
à Bitche, que, le 6 août, de Failly s'était mis à table chez

(1) Pour le présent chapitre, nous avons consulté avec fruit les beaux
livres d'Amédée Le Faure (*La guerre franco-allemande*) et d'Alfred Duquet
(*Frœschwiller, Châlons et Sedan*).

lui avec son état-major, et qu'il y était demeuré, de midi à trois heures, sourd aux objurgations des habitants, qui venaient le supplier de monter à cheval et de se diriger, avec son corps d'armée, du côté d'où venait le bruit de la canonnade. Le soir, il apprit, *par hasard*, que le 1er corps était vaincu, et il leva son camp, sans trop savoir où aller.

Mac-Mahon aurait pu, à ce moment-là, se ressaisir : appeler à lui les 5me et 7me corps qui étaient intacts ; rétrograder vers Verdun et Châlons, mais en faisant front à l'ennemi ; organiser la guerre de partisans, dans ces défilés des Vosges, que notre glorieux Hoche avait illustrés par sa défense des *Lignes de Wissembourg*. Au contraire, il perd la tête ; néglige de détruire le tunnel de Saverne, par où les Allemands vont librement faire passer leurs troupes de seconde ligne et les batteries destinées au siège de Paris ; et, *contrairement aux prescriptions du service en campagne*, il oublie d'établir des garnisons dans les places fortes, même à Strasbourg ! L'élément défensif de la capitale de l'Alsace allait être constitué, vaille que vaille, avec des bandes loqueteuses qui firent, d'ailleurs, d'héroïques combattants.

Voici, tiré de l'ouvrage d'Alfred Duquet (p. 154), le tableau de l'entrée de ces bandes dans la ville où Kléber fit, pour la première fois, entonner par ses braves la *Marseillaise*, que Rouget de Lisle venait d'improviser dans un éclair de génie :

« La grande bataille est perdue : ce sont les vaincus de Frœschwiller. Quel spectacle effrayant ! Pêle-mêle, le regard sombre, ils se pressent sous l'étroite voûte ; ils portent sur leur visage comme un reflet de sinistre épouvante. Nul ne les interroge, tout le monde a compris... Brisés de fatigue, car ils ont marché toute la nuit, ils ont jeté sacs, casques, fusils, cuirasses... on dirait d'un troupeau sans maître. C'est un mélange sordide d'uniformes souillés de boue... Ces deux mille hommes devaient former le noyau de la garnison ; car le samedi 6 août, il ne restait plus dans Strasbourg mille hommes de l'armée régulière pour défendre la ville ; les pièces braquées sur les remparts n'avaient pas de servants ;

le maréchal de Mac-Mahon avait tout emmené, comme
en un jour de désespoir, pour livrer la bataille décisive où
devait se jouer la destinée de Strasbourg ».

Et, après avoir reproduit cette page d'un témoin ocu-
laire, M. Emile Delmas, — Alfred Duquet ajoute :

« Ainsi le maréchal ne songe plus à la grande citadelle alsa-
cienne, qu'il a dégarnie, la veille de la défaite, et qu'il abandonne
le lendemain au hasard des évènements !... Pauvre Alsace !
Pauvre pays de France ! »

Veut-on avoir une idée de ce que Mac-Mahon appelait une « retraite en bon ordre » ? Dans le même
ouvrage (p. 169), nous trouvons l'extrait suivant du
Journal d'un officier du 1er corps :
« Toujours pas d'effets, pas de tentes, pas de marmites. Les soldats étaient sordides de boue et beaucoup
d'entre eux trouvaient plaisant de s'affubler de tous les
costumes, des vêtements les plus grotesques. Ils vivo-
taient, maraudaient, et leur tenue était telle que les
populations effrayées fuyaient à leur approche. On se
demandait : mais qui donc commande ici ? Un exemple
de l'indiscipline. Le lieutenant Marescalchi, un des officiers d'ordonnance du maréchal, fut accosté sur la route
par deux zouaves qui lui demandèrent la bourse ou la
vie. Ce ne fut qu'en les menaçant de son révolver qu'il
put s'en débarrasser.
» Hélas, si l'indiscipline régnait parmi la troupe, le
désordre était au comble dans les états-majors ; *personne
ne commandait* ; aussi personne ne savait ce qu'il devait
faire ».
C'est, dans ces conditions, que ce qui fut le 1er corps de
l'armée du Rhin s'écoulait vers Neufchâteau, ayant,
depuis plusieurs jours, perdu le contact de l'ennemi.
Qui avait autorisé M. le maréchal de Mac-Mahon à fuir
ainsi l'approche des Prussiens? Ne pas dire *toute* la
vérité, c'est ne pas dire la vérité, qui forme un ensemble
indivisible, dont les diverses parties s'éclairent l'une
l'autre. Sans doute, l'Empereur lui avait indiqué Châlons
comme objectif, dès le 7 août, mais le lendemain, il

avait changé ses dispositions, en lui assignant, comme nouveau point de ralliement, Nancy.

On lit dans *l'Histoire de la guerre franco-allemande de 1870-71*, d'A. le Faure (p. 134) :

« Le 8, un officier d'Etat-Major, envoyé de Metz par l'Empereur, le commandant Vanson, rejoignit à Sarrebourg le maréchal de Mac-Mahon et le général de Failly, et prescrivit aux troupes des deux corps de continuer la retraite dans la même direction, mais de *ne pas dépasser Nancy, sans un ordre de l'Empereur.* »

M. de Mac-Mahon, en évitant Nancy ; en descendant jusqu'à Neufchâteau ; en abandonnant l'Alsace tout entière, sans la disputer, parcelle par parcelle, avec l'énergie du désespoir, à la suite d'un échec qui aurait pu être réparé, — et ce, en désobéissance formelle à un ordre du souverain qui, le 8 août, était encore son supérieur hiérarchique — a commis un acte, que nos lecteurs apprécieront.

Quel prétexte donne le duc de Magenta pour essayer de justifier sa conduite? On ose à peine l'indiquer, tant il est fait pour étonner, dans la bouche d'un soldat. Dans sa déposition devant la *Commission parlementaire de l'Assemblée nationale*, présidée par M. Saint-Marc-Girardin, il a dit ceci :

« J'allai par Neufchâteau, en faisant un détour, craignant d'être attaqué par les troupes du prince de Prusse. A Nancy, on le croyait près d'arriver ».

Si Mac-Mahon avait eu la précaution d'envoyer une grande reconnaissance pour explorer le pays, il aurait su que, le 9 août, le chef de la IIIe armée allemande, le prince royal, se trouvait à Sarralbe (en fait, il n'est entré à Nancy que le 16 août). Et puis, quand même l'ennemi eût été plus rapproché ! Est-ce que les valeureux soldats du 1er corps se sont jamais refusés à faire tête aùx Prussiens ?...

Ce détour, dont parle le duc de Magenta, ne nous a pas seulement coûté l'Alsace; il nous a, peut-être aussi, coûté la Lorraine. Si Mac-Mahon avait fait ce que le simple bon sens commandait, s'il avait concerté ses opérations avec ses subordonnés, de Failly et Félix Douai, ainsi qu'avec son supérieur, le maréchal Bazaine, voici ce qui se serait produit. On se rappelle qu'à ce moment-là, l'armée de Lorraine se repliait vers la Moselle. Rien n'était plus facile que de se donner la main avec elle ; le 4ᵉ, le 3ᵉ, le 2ᵉ corps (meurtri à Forbach, mais se reconstituant) auraient eu pour appui, à leur aile droite, le 5ᵉ corps venant de Bitche, le 1ᵉʳ corps (qui se serait refait de son mieux, étant ainsi encadré), enfin, le 7ᵉ corps, que le chemin de fer pouvait amener rapidement de Belfort.

Quel beau front de bataille auraient pu présenter ces six corps d'armée, auxquels se serait joint le 6ᵉ, commandé par Canrobert, qui arriva, le 12 août, à Metz !

Au contraire, Mac-Mahon et de Failly fuient à tire-d'aile, comme l'écrit M. Duquet, vers le sud ; et toute la région en amont de la Moselle est évacuée, sans coup férir, par les troupes françaises. Celles-ci sont, naturellement, bientôt remplacées par les troupes allemandes ; la IIIᵉ armée descend jusqu'à Avricourt, occupe Nancy, dont, par ordre de Mac-Mahon, la garnison a été envoyée à Châlons et qui, privée de troupes, se rend à 4 uhlans ; elle s'empare de Lunéville, d'où Mac-Mahon avait négligé de faire enlever d'immenses approvisionnents ; elle pousse enfin jusqu'à Toul, où elle capture le grand parc de réserve, destiné à l'armée du maréchal Bazaine.

Quant à la deuxième armée, commandée par le prince Frédéric-Charles, qui avait pour mission de combattre l'armée de Lorraine, elle s'empare tranquillement des ponts que l'empereur avait laissés libres pour le passage des 1ᵉʳ et 5ᵉ corps, et jette ses avant-gardes jusqu'à Vionville et Mars-la-Tour. C'est à la 5ᵉ division de cavalerie de cette armée, en effet, que, le 15 août, le général de Forton vint se heurter.

On s'explique, dès lors, ce fragment de l'interrogatoire du maréchal Bazaine :

M. le Maréchal. — Je croyais (le jour de ma nomination comme commandant en chef), que le maréchal de Mac-Mahon était encore à notre droite ; je ne savais pas qu'il était parti vers le Sud.

M. le Président. — Il (l'empereur) ne vous a pas fait part de la direction de l'aile droite ?

M. le Maréchal. — Non, nous en avions parlé à Faulquemont (dans leur entrevue du 9 août). Je me rappelle qu'il m'a dit que le maréchal de Mac-Mahon avait l'ordre de ne pas dépasser Nancy, d'où il devait communiquer avec moi. Je ne sais pas *par quel ordre* le maréchal de Mac-Mahon a pris par le Sud, en évitant Nancy.

Ni M. le Président du conseil de guerre, ni le Commissaire du Gouvernement n'ont cherché à éclaircir ce point. Le premier pouvait faire interroger le chef de l'Etat, en vertu de son pouvoir discrétionnaire, suivant des formes prévues (commission rogatoire donnée au président du tribunal civil). Il ne l'a pas fait. Pourquoi ?...

Comme, d'autre part, M. le maréchal de Mac-Mahon, président de la République, était retenu par sa grandeur au... palais de l'Elysée, Mᵉ Lachaud , l'avocat de Bazaine, n'a pas pu, au cours des débats, faire poser la question, qui découlait implicitement de l'interrogatoire de son client.

Cette question, nous nous permettons de la reprendre, car elle nous parait capitale, afin d'arriver à préciser les terribles responsabilités encourues, en 1870, par M. le duc de Magenta, et nous demandons :

Par quel ordre, M. de Mac-Mahon a-t-il pris par le sud, en évitant Nancy ?

Dans une lettre parue en 1874, que reproduit M. Alfred Duquet, l'ex-maréchal Bazaine disait :

« J'aurais pu exposer pour ma défense que Mac-Mahon... s'était porté à Châlons, en arrière de moi, sans tirer parti des 5ᵐᵉ et 7ᵐᵉ corps et de la ligne de défense de la Seille, laissant ainsi ma droite découverte et tournée, malgré l'ordre envoyé de ne pas dépasser Nancy ».

Dans son ouvrage : *Episodes* (p. 78), il écrit encore :

« (Le 15 août) l'ennemi, trouvant les routes libres et les ponts en amont en parfait état de conservation, nous avait gagné de vitesse ; filant par Pont-à-Mousson et

Corny, il gravissait en toute hâte les défilés de Gorze et de Novéant, atteignant ainsi le plateau qui domine Mars-la-Tour, pour couper notre ligne de retraite. Cela n'aurait pas eu lieu, si l'armée d'Alsace ne s'était pas éloignée de nous, en laissant l'ennemi libre de tout entreprendre contre notre armée, qui cependant s'était lentement retirée sur Metz, afin de couvrir la marche en retraite, ou plutôt en désordre, du maréchal de Mac-Mahon.

» Et cependant, dans les opérations de cette désastreuse campagne, il ne fut tenu aucun compte de cette abnégation, tandis que l'on mit en relief, comme se dévouant pour tendre la main à l'armée de Lorraine, la marche de Châlons sur Metz.

» Le maréchal de Mac-Mahon aurait mieux fait de ne pas nous abandonner, dès le 8 août.

» Voilà la vérité, pour ceux qui veulent la connaître ». (1)

***

Le 16 août, le chemin de fer de l'Est apportait à Châlons les membres disloqués du 1er corps ; deux ou trois jours après, on voyait arriver dans cette même ville, toujours par la voie ferrée, les 5me et 7me corps de l'armée du Rhin.

« Ordener est usé ! », disait Napoléon Ier, d'un de ses généraux. Et il ajoutait qu'au bout de sept à huit ans, un général commandant de corps devrait prendre sa retraite.

Mac-Mahon aurait dü réfléchir à cette parole et offrir sa démission à l'Empereur, trop heureux que Napoléon III ne le révoquât pas, pour ce que — jusqu'à preuve du contraire, — nous appelons un acte d'insubordination, un acte coupable, au premier chef. Il ne crut pas devoir le faire, et nous devons maintenant aborder la seconde partie de ce chapitre, dire quelques mots de cette « che-

---

(1) Hélas ! nous craignons bien que Bazaine ne dise vrai !... En tout cas, la postérité, — dont nous sommes déjà, pour ce malheureux, qui est mort, après avoir gravi pendant quinze ans son calvaire, en portant sa croix d'infamie, abandonné de tous, excepté de deux ou trois amis fidèles, — la postérité est prête à écouter avec gravité sa défense posthume.

vauchée au gouffre », de cette course à l'abîme, qui aboutit à la capitulation de Sedan.

Lorsque Mac-Mahon fut arrivé à Châlons, il télégraphia, le 16 août, à 8 h. 30 du matin, au maréchal Bazaine, qui était son supérieur hiérarchique, depuis le 9 août :

« Demain soir, toutes les troupes sous mes ordres seront réorganisées. Failly est à Vitry-le-François, Margueritte, avec une division de cavalerie, à Sainte-Ménehould.

» Si l'armée du prince royal arrive en forces sur moi, je prendrai position entre Epernay et Reims, de manière à me rallier à vous ou à marcher sur Paris, si les circonstances me forcent à le faire ».

Bazaine lui répond :

« Metz, 18 août, 12 h soir.

» Je reçois votre dépêche ce matin seulement.

» Je présume que le ministre vous aura donné des ordres, vos opérations étant tout-à-fait en dehors de ma zône d'action pour le moment, et je craindrais de vous indiquer une fausse direction ».

(Transmise le 18 à P. (140) à 12 h. 6 du soir).

La veille, M. le maréchal de Mac-Mahon avait eu l'idée, un peu tard, — car cette pensée aurait dû lui venir le 9 août, lorsque l'Empereur l'informa qu'il le plaçait sous la direction du maréchal Bazaine — avait eu, dis-je, l'idée d'envoyer à celui-ci M. le colonel Broye pour prendre ses ordres. Le colonel n'était pas plutôt arrivé à Verdun que Mac-Mahon lui télégraphiait de rentrer.

Dans sa déposition devant la *Commission parlementaire de l'Assemblée nationale*, Mac-Mahon a déclaré :

« J'envoyai un de mes aides-de-camp, le colonel Broye, sur les quatre heures, vers le maréchal Bazaine, pour lui faire connaître la position de l'armée et lui demander des instructions plus positives que celles qu'il pouvait me donner par le télégraphe. »

Dans son livre : *Episodes de la guerre de 1870*, Bazaine écrit (pp. 100-101) :

« Ici se produit un incident qui a eu de fâcheuses

conséquences pour l'entente des opérations et qui doit être signalé. Le 17, le maréchal m'envoya le commandant Broye, un de ses aides-de-camp, qui, une fois arrivé à Verdun, fut rappelé à Châlons, sans accomplir cette mission si importante; le résultat d'un entretien avec cet officier aurait probablement modifié les opérations de la fin d'août. Voici la lettre du commandant, en réponse à la question que je lui avais posée :

« Versailles, 4 avril 1872.

» La mission dont vous me parlez n'a reçu, en effet, qu'un commencement d'exécution. Le 17 août, le maréchal ayant été nommé par l'Empereur au commandement de l'Armée de Châlons, me fit partir du camp, dans l'après-midi, pour aller prendre les instructions du maréchal Bazaine, sous les ordres duquel il était placé, et que, d'après les derniers renseignements reçus, il supposait sur le point d'arriver à Verdun.

» Je profitai d'un train qui conduisait dans cette ville un détachement du génie, et je comptais prendre une voiture pour continuer ma route, si c'était nécessaire ; mais, en descendant de wagon, le chef de gare me remit une dépêche de M. le maréchal de Mac-Mahon, qui me prescrivait de rentrer immédiatement au camp. Le maréchal avait reçu, depuis mon départ, une dépêche qui l'informait des évènements du 16 et de la retraite sur Metz. La voie ferrée n'étant pas libre, je ne pus rentrer au camp que le 18 dans la journée. Il était environ dix heures du soir quand j'arrivai à Verdun, le 17. Agréez, etc,

» (Signé) L. BROYE. »

Et Bazaine ajoute :

« Si M. le maréchal de Mac-Mahon avait fait prendre à son aide-de-camp la voie des Ardennes, il serait arrivé à Metz et m'aurait renseigné sur les projets du maréchal et sur les mouvements de l'ennemi dans cette zône ; il n'en fut rien malheureusement, et, dans sa déposition, le maréchal *ne dit pas* avoir rappelé le commandant Broye ».

On est surpris que M. de Mac-Mahon se trouve ainsi pris en flagrant délit d'affaiblissement de la vérité !

Le 18 août, Mac-Mahon avait télégraphié à Bazaine ce qui suit :

« Camp de Châlons, le 18 août 1870, à 3 h. 15 soir.

« Si, comme je le crois, vous êtes forcé de battre en retraite très prochainement, je ne sais, à la distance où je suis de vous, comment vous venir en aide, sans découvrir Paris.

» Si vous en jugez autrement, faites le moi savoir ».

A la suite de la reproduction de cette dépêche, on lit dans les débats du procès Bazaine (p. 173) :

« *Réponse écrite en marge, de la main du maréchal Bazaine :*

« J'ai dû prendre position près de Metz, pour donner du repos aux soldats et les ravitailler en vivres et munitions.

» L'ennemi grossit toujours autour de nous, et je suivrai très probablement, pour vous rejoindre, la ligne des places du Nord, et *vous préviendrai de ma marche, si je puis toutefois l'entreprendre, sans compromettre l'armée.* (Signé): BAZAINE. »

» *M. le Maréchal.* — Tout ce qui est au crayon rouge est de ma main.

» *M. le Président.* — Et le déchiffrement a été fait à votre état-major ?

» *M. le Maréchal.* - Oui, par un de mes officiers d'ordonnance ».

Cette réponse de Bazaine à Mac-Mahon, datée du 19 août, fut confiée le 20 août à une courageuse femme du peuple, Mme Imbert, et à un agent de police, M. Flahaut, qui se distingua plusieurs fois comme émissaire chargé de missions secrètes entre Metz et Thionville. Remise par ces deux personnes au colonel Turnier, gouverneur de Thionville, elle fut télégraphiée: 1° de Givet, au maréchal de Mac-Mahon, en personne, par M. de Bazelaire, candidat à l'Ecole polytechnique, qui se rendait à Paris, et 2° de Longwy, à M. le colonel Stoffel, chef du service des renseignements au quartier général du duc de Magenta. Celui-ci a affirmé que cette dépêche, quoique

parvenue à Reims le 22 août, ne lui avait pas été remise.
M. le colonel Stoffel a été accusé de l'avoir détournée,
sur l'ordre de l'ex-impératrice Eugénie (1).

Si Mac-Mahon a ignoré cette dépêche, il y aurait d'autres coupables que le colonel Stoffel. On a entendu, au
procès de Trianon, M. Amiot, inspecteur des télégraphes
(dépositions, pp. 368 et 380). Ce fonctionnaire, qui était
chargé du service télégraphique au quartier impérial et
qui ne quitta pas Mac-Mahon, de Châlons à Sedan, puisque l'Empereur était, pendant cette marche, auprès de
ce maréchal, — a expliqué devant le Conseil de guerre
l'organisation de ce service. M. Amiot ne recevait de
dépêches que de Paris et n'était en communications
qu'avec Paris ; toute dépêche concernant les opérations
militaires était transmise au destinataire et commu-
niquée, en double, à l'Empereur.

Pour avoir la preuve de l'affirmation de M. Amiot, le
lecteur n'a qu'à se reporter à une autre dépêche, citée
plus haut, de Bazaine à Mac-Mahon, en date du 18 août
12 h. soir ; ce télégramme a pour suscription finale ces
mots :

« *Transmise le 18, à P.* ». P., c'est Paris.

M. Amiot a déclaré ce qui suit :

« Une fois arrivé au camp de Châlons, je n'avais plus eu de
communication qu'avec Paris, à peu près. Par conséquent, toutes
les dépêches m'arrivaient par Paris.

M. le Président. — Elles ne vous arrivaient pas directement !

M. Amiot. — Elles ne pouvaient pas arriver directement. Je
n'avais de communication qu'avec Paris ».

Revenons à la dépêche qui s'appelle, au procès de
Trianon, la dépêche n° 34.750.

<hr>

(1) M. Stoffel s'est défendu d'avoir commis ce détournement.

Dans la *Revue Blanche* du 15 novembre 1897, M. Louis-N. Baragnon a repris
l'accusation contre le colonel Stoffel. Il déclare que le colonel Clappier a
procédé à une enquête sur cette affaire ; qu'il a parcouru les pièces essentielles de cette enquête, qui lui paraissent accablantes pour l'inculpé ; qu'il
ne lui est pas, d'ailleurs, permis de les publier ; qu'il n'a que l'autorisation
de les résumer ; qu'enfin, si le colonel Clappier a rendu une ordonnance de
non-lieu, c'est *qu'une autorité supérieure, qu'on ne pourrait atteindre, avait
prescrit ce détournement.*

Partie de Metz à destination de Châlons, elle a été expédiée *à Paris*, de Metz — ou plutôt de Givet et de Longwy ; puis elle a été réexpédiée *de Paris* sur Châlons et Reims.

Prenons l'expédition faite de Longwy. Cette dépêche, arrivée à Paris, le ministre en prend copie et la fait envoyer au bureau télégraphique impérial. M. Amiot, qui y est préposé, en adresse une ampliation à l'Empereur, en même temps qu'il fait remettre le télégramme au destinataire, M. le colonel Stoffel.

Supposons par hypothèse — comme l'a affirmé Mac-Mahon et comme l'a soutenu l'accusation, au procès Bazaine — que le colonel, manquant aux devoirs de sa charge, n'en ait pas communiqué le contenu au maréchal.

Cela ne prouve pas absolument que celui ci l'ait ignoré, car il faut admettre également que l'Empereur n'a pas soufflé mot, au commandant de l'armée de Châlons, d'un télégramme du chef de l'Armée du Rhin, qui contenait, à la fin, cette phrase, d'une importance capitale :

« Je vous préviendrai de ma marche, si je puis toutefois l'entreprendre, sans compromettre l'armée. »

Il y a plus. La même dépêche, expédiée de Givet par M. de Bazelaire — qui, en 1873, était sous-lieutenant du génie — au maréchal de Mac-Mahon *en personne*, ne lui aurait pas, non plus, été remise ! ! Alors, c'est M. Amiot, qui l'aurait détournée, celle là ! !

Il y a mieux enfin. Quand même le colonel Stoffel n'aurait pas communiqué au duc de Magenta la dépêche que lui adressait Bazaine, le duc de Magenta en aurait connu la teneur par l'expédition que M. Amiot lui faisait *à lui-même* de toutes les dépêches adressées à des tiers, au sujet des opérations militaires.

Voici, en effet, ce que nous lisons dans la déposition de M. Amiot (p. 368) :

« Les dépêches étaient divisées, d'une manière générale, en deux catégories. La première comprenait ce que nous appelions les dépêches *directes*, celles qui avaient un destinataire dans la résidence que je devais desservir ;... la seconde comprenait les dépêches *de communication*, c'est-à-dire, les renseignements, arrivant de tous les points de la France, des généraux commandant les divisions militaires, des préfets, des maires.

» Celles-là étaient toujours communiquées à l'Empereur, *et*, comme j'avais l'honneur de le dire au Conseil, avec l'autorisation de l'Empereur, *au maréchal de Mac-Mahon* ».

Quelle que soit l'hypothèse dans laquelle on se place, on arrive à cette conclusion logique que le duc de Magenta a sûrement reçu la dépêche 37.450. Quand il a affirmé le contraire, sa mémoire lui a, une fois de plus, fait défaut.

Ceci dit, reproduisons les termes de la dépêche du maréchal Bazaine au maréchal de Mac-Mahon :

« J'ai dû prendre position près de Metz, pour donner du repos aux soldats et les ravitailler en vivres et munitions.

» L'ennemi grossit toujours autour de nous, et je suivrai, très vraisemblablement, pour vous rejoindre, la ligne des places du Nord ; et vous préviendrai de ma marche, si je puis toutefois l'entreprendre, sans compromettre l'armée ».

Si, comme l'affirme M. de Mac-Mahon, cette dépêche ne lui a pas été remise, il reste sous l'impression du rapport adressé le 19 août par Bazaine à l'Empereur (qui était à l'armée de Châlons avec le duc de Magenta), arrivé à destination le 22 août, et qui se termine par ces mots :

« Je compte toujours prendre la direction du Nord et me rabattre ensuite, par Montmédy, sur la route de Sainte-Ménehould à Châlons, si elle n'est pas fortement occupée. Dans le cas contraire, je continuerai sur Sedan et même Mézières, pour gagner Châlons ».

Dans cette hypothèse, il ne fait que seconder le mouvement de son chef, en se portant vers Metz.

Mais s'il a connu la dépêche dans laquelle son supérieur hiérarchique lui indique qu'il le préviendra de sa marche, si toutefois il peut l'entreprendre *sans compromettre l'armée,* et que, nonobstant, il se porte dans sa direction, il peut obéir à des vues droites, mais il opère, sous sa responsabilité ; il le fait à ses risques et périls et s'il échoue, il ne peut s'en prendre qu'à lui-même.

On comprend, dès lors, que l'accusation se soit, avec une facilité qui étonne un peu, ralliée à l'hypothèse, insoutenable selon nous, que Mac-Mahon n'a pas eu connaissance du télégramme dont s'agit.

Pour se tenir sur ce terrain, il fallait déshonorer M. le colonel Stoffel. On n'a pas reculé devant cette conséquence extrême. Il importe donc que cette imputation soit tirée au clair et, à cet effet, nous ne voyons qu'un moyen. C'est, ainsi que le demande M. Stoffel, de rendre public le rapport de M. le colonel Clappier, dont M. Baragnon fils, par un privilège qu'on lui envie, a eu communication. Nous regrettons de ne pas partager l'opinion de ce publiciste distingué, à propos de cet incident. Si l'enquête dirigée contre M. le colonel Stoffel a abouti à une ordonnance de *non-lieu,* nous nous permettons de penser que c'est, tout simplement, parce que cet officier n'avait pas commis le détournement qu'on lui a reproché devant le conseil de guerre de Trianon.

Le lecteur dégagera, de lui-même, les conséquences que cette solution comporte, non-seulement en ce qui concerne les défaillances de mémoire de M. le duc de Magenta, mais encore au sujet des responsabilités qui pèsent sur lui.

*
* *

Pour terminer la série de renseignements sur la situation militaire, fournis par le maréchal Bazaine au quartier général de Châlons ou de Reims et au ministère de la guerre, qui correspondait constamment avec l'Empereur et avec le duc de Magenta, citons les deux documents que voici :

On lit dans l'interrogatoire (compte-rendu, p. 176) :

« *M. le Président.* — Voici les dépêches que vous adressiez le 21 au ministre et le 22 à l'Empereur. Le greffier va en donner lecture.

» *M. le Greffier :*

« Maréchal Bazaine au Ministre de la guerre, par Verdun.

» Metz, 21 août, 10 h. 30 du matin.

» J'ai reçu toutes vos dépêches jusqu'au 19 inclus. Je ne puis communiquer que difficilement, et par piétons isolés, avec Thionville et Verdun. Vous avez dû recevoir une dépêche ; j'en ai adressé une à l'Empereur, une autre au maréchal de Mac-Mahon. L'état sanitaire de l'armée est satisfaisant, l'état moral laisse moins à désirer.

» En ce moment, onze heures, de grosses masses prussiennes tiennent la crête des bois de Saulny et de Lory, à petite distance de nos positions. D'autres masses occupent les hauteurs boisées, au nord et nord-est de Saulny, de l'autre côté de la route de Briey à Metz. Il y a également beaucoup de monde devant les 4me et 6me corps, de l'autre côté de Noippy. Le capitaine de Vacquiers se porte bien ».

« *Maréchal Bazaine à l'Empereur (par Luxembourg).*

» Metz, 22 août 1870.

» Il n'y a rien de changé dans la situation. L'ennemi continue à nous investir ; il élève des batteries, coupe les routes et intercepte toutes nos communications.

» Nous poussons les travaux des forts et leur armement. Nos positions sont elles-mêmes protégées par de nombreux ouvrages que j'ai fait exécuter et que l'on consolide chaque jour.

» On porte l'effectif de l'armée à 350.000 hommes. Le roi de Prusse est à Pont-à-Mousson avec M. de Bismarck ».

« *M. le Président.* — Rien, dans ces deux dépêches, n'indique que vous ayez l'intention de vous éloigner de Metz.

» *M. le Maréchal* — Non, Monsieur le Président, pas pour le moment ».

Voilà les communications essentielles qui furent échangées, du 16 au 22 août, entre le maréchal Bazaine et les trois hautes personnalités avec lesquelles il était en rapport : le ministre de la guerre, M. de Palikao, — le maréchal de Mac-Mahon et Napoléon III.

Nous aurions pu nous dispenser de les reproduire, elles sont connues. Mais avec une accusation aussi déconcertante dans les griefs qu'elle articule, il faut mettre les points sur les *i*. Vraiment, il y a des choses qui n'auraient pas dû être dites.

Voici ce que, le 4 décembre 1873, M. le général Pourcet, commissaire du gouvernement au procès de Trianon, ne craignait pas d'avancer :

« Ce n'est pas, il est vrai, pour la capitulation de Sedan que le maréchal (Bazaine) est en cause. Mais sa conduite, en tant que commandant de l'armée du Rhin, vous appartient tout entière.

» C'est pourquoi, après l'examen scrupuleux auquel nous venons de nous livrer, nous venons vous demander si, dans sa conduite vis-à-vis de l'armée de Châlons, le maréchal Bazaine n'a pas gravement manqué à ce qu'exigeaient de lui le devoir et l'honneur ». (*Débats in-extenso*, p. 713).

Qui avait nommé M. le général Pourcet à ces fonctions ? C'était M. le général de Ladmirault, gouverneur de Paris, commandant supérieur de la 1re division militaire, à laquelle ressortissait le conseil de guerre de Versailles (Trianon). M. le général de Ladmirault était un fonctionnaire du gouvernement de M. le maréchal de Mac-Mahon, duc de Magenta, chef de l'Etat, — nous répugnons à dire : président de la République. Voyons donc virilement la situation dans sa réalité brutale et dégageons le sens qu'on a pu donner au passage, ci-dessus relaté, du réquisitoire de M. le général Pourcet.

Cet officier-général, remplissant les fonctions de ministère public, *spécialement nommé* par le cabinet choisi par
M. de Mac-Mahon, c'est-à-dire, nommé, par délégation,
par M. de Mac-Mahon lui-même, s'adressait à des officiers
généraux qui avaient été *spécialement nommés*, comme
lui et par le même décret du 1er octobre 1873, également
par M. de Mac-Mahon lui-même. Il ne s'est sans doute
pas douté que des esprits trop malicieux pouvaient comprendre ce qui suit, sous la forme correcte de sa parole :

« Prenez garde; il s'agit pour vous de statuer sur la
question de savoir si Mac-Mahon, en ne portant pas
secours à l'armée de Lorraine, a causé la capitulation de
Metz; ou si, au contraire, Bazaine a été la cause de la
capitulation de Sedan. C'est le fond de l'affaire.
» Si vous acquittez Bazaine, vous condamnez implicitement Mac-Mahon et, le lendemain de cet acquittement,
l'opinion publique surexcitée exigera que Mac-Mahon,
c'est-à-dire, le chef du pouvoir exécutif en personne, soit
traduit, à son tour, devant un conseil de guerre et que
son procès soit instruit ».

Nous ne voulons pas croire que Messieurs les membres du conseil de guerre aient été influencés, dans la
salle de leurs délibérations, par la pensée que l'acquittement de Bazaine amènerait une crise présidentielle, qui
aurait compromis leur avancement; ni que M. le duc
d'Aumale, leur président, ait craint de voir s'évanouir la
vision de ce trône auquel il croyait bien toucher à ce
moment-là; de même que nous sommes certain que les
deux membres du conseil qui, d'après M. le comte
d'Hérisson, reçurent de M. le maréchal de Mac-Mahon la
cravate de commandeur de la Légion d'honneur, au cours
des débats et quelques jours avant le prononcé de l'arrêt,
ont opiné en toute indépendance, — mais nous ne pensons
pas être contredit en avançant que M. le général Pourcet
a eu là une phrase malheureuse, qui pouvait être mal
interprétée.
Revenons. Il résulte, en somme, des documents repro-
duits plus haut, qu'arrivé à Châlons, Mac-Mahon avait

télégraphié à Bazaine que ses troupes seraient réorganisées le 17 août au soir. Quelles troupes ? Bazaine l'ignorait... Il ajoutait qu'il ne savait pas s'il se rallierait à l'armée de Lorraine ou s'il marcherait sur Paris. Et c'est tout ! Est-ce là le langage d'un lieutenant à son général en chef? Est ce là un rapport militaire consciencieux? Le télégraphe est encore libre entre Châlons et Metz ; pourquoi ne pas envoyer des détails circonstanciés?

Bazaine lui répond qu'il présume que le ministre lui a donné des ordres et qu'à la distance qui les sépare, il ne pourrait pas lui donner d'instructions utiles.

Sa dignité, ainsi que l'intérêt général, ne lui permettaient pas de faire d'autre réponse.

Voilà Mac-Mahon dégagé vis-à-vis de son chef, et dégagé par lui. N'est-ce pas là le but qu'il poursuivait, en s'éloignant de lui, sans ordres, au mépris de toute discipline?... Tout ce qu'il exécutera, désormais, il le fera, d'accord avec l'empereur et avec le ministre de la guerre, — à moins qu'il n'en fasse qu'à sa tête.

Le 18, dans la soirée, le duc de Magenta avait reçu, du maréchal Bazaine, la dépêche qui lui rendait sa liberté. Sous les ordres de qui va-t-il être désormais? — Sous ceux du ministre de la guerre de l'impératrice régente, le général de Palikao, — puisque l'empereur, suivant sa mélancolique expression, avait *comme abdiqué.*

Quelles sont les instructions que va lui donner son nouveau chef hiérarchique? M. Alfred Duquet nous l'apprend :

« Le 19, écrit cet historien, le général de Palikao indique, de nouveau, comme objectif au duc de Magenta de rejoindre Bazaine ; et le maréchal (de Mac-Mahon) télégraphie au ministre de la guerre le même jour :

« Veuillez dire au conseil des ministres qu'il peut compter sur moi et que je ferai tout pour rejoindre Bazaine ».

A la suite de cet ordre et de cette promesse, Mac-Mahon prend ses dispositions pour... s'éloigner de Bazaine et gagner Paris! Il se rapproche de la capitale, en se rendant à Reims. C'est l'indiscipline qui continue à s'affirmer...

Après la désobéissance à l'empereur, après le mépris affiché pour l'autorité du maréchal Bazaine, voici l'insubordination vis-à-vis du ministre de la guerre : c'est complet! Le résultat de toutes ces fantaisies, ce sera Sedan. L'Histoire ajoutera, pensons-nous : ce sera la capitulation de Metz.

A dater du 20 août, l'incohérence la plus parfaite va présider aux décisions du maréchal de Mac-Mahon. On dirait d'un insensé! Il zigzague sans but apparent, va et vient; obéit, puis désobéit aux instructions venues de Paris ; indique une destination pour le lendemain, change d'avis dans la nuit, et l'intendance ne trouve pas de soldats, tandis que les soldats ne trouvent pas de vivres ; et c'est la maraude qui recommence ; nos troupes mendient pour subsister, quand elles ne pillent pas les convois: « La population de Reims, écrit A. Le Faure, put assister à cet étrange spectacle de soldats vendant dans les rues, à des prix dérisoires, des vivres volés. »

Lorsqu'on lit le récit de ces choses lamentables, dans les ouvrages d'historiens impartiaux et informés comme ceux que nous avons cités, le cri de douleur et de colère du Sénat Romain vous revient à la mémoire: « Varrus ! rends-nous nos légions ! ».

La Revue (ancienne *Revue des Revues*) du 15 octobre 1903, a publié une étude de M. Duquet, intitulée : « Les Echappés de Sedan ». L'auteur cite l'opinion de M. le colonel Grouard, qui écrit :

« Ce qui résulte des ordres du maréchal (de Mac-Mahon) dans la soirée du 26 et dans la matinée du 27 (août), c'est, *une fois de plus*, la preuve qu'*il n'avait nullement l'intention d'aller à Metz...* »

Et M. Duquet porte, maintenant, sur le duc de Magenta, cette appréciation de grande conséquence :

« Depuis Châlons, il marchait vers Metz, **comme un chien qu'on fouette** ». (pp. 197-8).

Dans son ouvrage *Frœchswiller*, etc., M. Duquet n'avait pas osé aller aussi loin. La vérité marche d'un pas lent, mais elle marche... Tout n'est pas dit sur le rôle de Mac-Mahon. Cependant, des jets de lumière commencent à être dirigés sur les parties du procès Bazaine laissées dans l'ombre, il y a trente ans, par M. le duc d'Aumale.

Un écrivain, comme Alfred Duquet, ne savait que conclure, quand il a tracé les lignes suivantes (*Frœschwiller, Châlons, Sedan*, pp. 281-2) :

« L'armée française, qui avait gardé un certain ordre de marche du 24 au 27 août, va présenter, à partir du 28, le tableau le plus confus qu'on puisse imaginer. Chaque corps marque le pas sans bouger, ou exécute des courses fatigantes qui le ramènent exactement à son point de départ et n'ont d'autre avantage que de couper les colonnes entre elles et de **permettre aux Allemands d'arriver enfin**, en forces écrasantes, auprès de nos infortunés soldats ahuris, brisés de corps et d'âme, errant au hasard d'un commandement éperdu... »

Et ils sont enfin arrivés, les Allemands ! Mac-Mahon avait sur eux une avance de plusieurs journées de marche : l'itinéraire et le plan que lui avait prescrits M. de Palikao avaient trompé l'ennemi sur les intentions de l'armée française et lui avaient dérobé son mouvement. Le 26 août, Mac-Mahon aurait pu donner la main à Bazaine, qui l'attendait, son armée sous les armes. C'était peut-être le salut de la Patrie... Mais non, le duc de Magenta **ne veut pas** aller à Metz ; il fera des étapes de *7 kilomètres* ; il rétrogradera, s'il le faut ; et, pendant ce temps, les Prussiens regagnent l'avance qu'il avait sur eux, s'interposent entre Bazaine et Mac-Mahon, et enveloppent les admirables et malheureuses troupes de ce dernier.

Les historiens, en étudiant le rôle que Mac-Mahon assignait à sa cavalerie, devaient se demander s'ils rêvaient, s'ils devenaient fous ou si le duc de Magenta était fou lui-même. Ce commandant de corps aurait marché sur la tête, aurait essayé de poser une pyramide sur la pointe, qu'il eût procédé avec autant de raison ! — La cavalerie sert à éclairer ; elle est employée à flanquer l'infanterie, ou, enfin, elle protège une retraite. Lorsqu'on s'avance vers un but qui est à l'Est, qu'on n'a pas l'ennemi en vue, on lance sa cavalerie vers l'Est, pour explorer la région où va s'engager le gros de l'armée. — Que fait, au contraire, Mac-Mahon ? Il encadre sa cavalerie dans son infanterie, à moins qu'il ne la lance vers... l'Ouest !

« La cavalerie est en arrière », écrit Alfred Duquet, en parlant du mouvement du 26 août. Et, au sujet de la marche du 26, il dit, avec ironie :

« La division Margueritte est à Stonne et le maréchal la destine probablement à couvrir la retraite ; quant à la division Bonnemains, *elle ne bouge toujours pas* du cœur de l'armée. C'est un joyau enchâssé par l'infanterie, et Mac-Mahon ne craint rien tant que de la voir entamée, que de la voir aux prises avec les uhlans ».

(FRŒSCHWILLER, etc., pp. 266 et s.).

Mais, enfin, pourquoi ces actes de démence? Le mot n'est pas trop fort, car le duc de Magenta, du 9 août au 1er septembre, a dépassé les limites connues de l'incapacité.

M. Alfred Duquet ne peut que les mettre sur le compte de l'affolement et il estime que Mac-Mahon avait perdu « la liberté de son jugement militaire ».

Non, il y a autre chose. Le plan très net, très clair, qu'avait conçu M. de Palikao et que M. Duquet estime être celui d'un vrai stratégiste, n'avait qu'à être exécuté à la lettre. Point n'était besoin de qualités exceptionnelles pour cela ; de la bonne volonté suffisait, semble-t-il.

Qu'on ne vienne pas toujours parler de l'inintelligence de Mac-Mahon. Un homme qui, après avoir été toujours battu, et combien lamentablement ! en 1870, a trouvé le moyen de devenir chef de l'Etat, est un homme qui sait bien conduire ses petites affaires. Ce silencieux était un habile.

En 1903, M. Duquet est plus sévère ; il remarque et souligne chez Mac-Mahon une intention mauvaise, une volonté bien arrêtée de désobéir à des ordres reçus et de se soustraire au devoir impérieux de porter secours à un compagnon d'armes. Ce qui est singulièrement grave.

Nous appellerions cela de la trahison (1), si le mot de l'énigme n'était pas ce qui se rencontre couramment dans nos annales militaires : nous voulons parler de la *jalousie*. C'est la jalousie seule qui a fait commettre à Mac-Mahon ces actes d'insubordination. Comment, lui, être placé sous les ordres d'un ancien soldat, comme Bazaine, qui avait porté les galons de laine et dont il avait été le chef ! Cela, jamais !...

Plutôt que d'avoir à subir cette tutelle, le duc de Magenta refusera de s'arrêter à Nancy ; il s'éloignera du commandant en chef de l'armée du Rhin, à marches forcées, et même par chemin de fer ; il ira très-loin, à Châlons, à Paris, s'il le faut !

Hélas ! de plus grands — mais non pas de plus braves, nous empressons-nous d'ajouter — que M. le maréchal de Mac-Mahon, furent mordus par ce démon de la jalousie et, sans le vouloir sans doute, causèrent le malheur de leur patrie. Faut-il citer, par exemple, le maréchal Ney, que Masséna fut obligé de chasser de l'armée de Portugal pour des faits d'insoumission ? (2).

Le *Figaro* du 28 août 1891 reproduisait l'article suivant :

« Le *Gaulois* est allé interroger le maréchal de Mac-Mahon au château de la Forest, dans le Loiret, sur la

---

(1) En tout cas, cette conduite délirante relevait du Conseil de Guerre ou de l'examen des médecins légistes.

(2) Que le lecteur veuille bien comparer les attitudes de Bazaine et de Mac-Mahon, l'un vis-à-vis de l'autre.

Dans le premier mouvement de colère, bien légitime, le commandant en chef, apprenant que son subordonné s'est enfui jusqu'à Châlons, lui écrit sèchement qu'il a dû recevoir les instructions du ministre et qu'à la distance qui les sépare, il ne peut lui donner des ordres utiles. Puis, le sentiment du devoir reprend le dessus et il lui télégraphie qu'il marchera à sa rencontre, s'il peut accomplir cette manœuvre « sans compromettre l'armée ».

Mac-Mahon, au contraire, lorsque, contraint et forcé par le ministre, il se décide à marcher vers Metz, n'envoie *aucune communication personnelle* à son compagnon d'armes.

Le 29 août, le colonel Turnier, gouverneur de Thionville, avise Bazaine de l'approche de deux corps de l'armée de Châlons. Le 30 août, Bazaine reçoit une dépêche de l'empereur en réponse au rapport qu'il lui avait adressé le 19 août.

Mais, de message du duc de Magenta, aucun. Ce chef d'armée aurait voulu se perdre et perdre avec lui son supérieur qu'il jalousait, qu'il n'aurait pas agi autrement. Que le lecteur conclue !

publication de certains extraits des Mémoires du maréchal de Moltke...

— Quels mobiles poussaient Bazaine, selon vous, M. le Maréchal ?

— Est-ce qu'on sait ?... Il ne s'est pas défendu. A-t-il été coupable ? M. Thiers, il me l'a dit souvent, considérait l'envoi de Bazaine devant le conseil de guerre, **comme une infamie**... (1) J'avais connu Bazaine en Afrique, à Tlemcen, où il était chef de bataillon. Il commandait un bureau arabe, et c'était un bon officier, un de ceux sur lesquels on comptait. Et puis, en toute honnêteté, j'aurais été bien embarrassé ; était-il vraiment coupable ?... »

L'officier de l'Armée du Rhin qui, dans ses Mémoires, reproduit cet article du *Figaro*, le commente en plusieurs pages. Nous détachons de ce commentaire les lignes ci-après :

« *Il ne s'est pas défendu !* avez-vous déclaré. — Voici ce que vous aurait répondu le maréchal Bazaine : « Mon procès ne se juge pas devant la France seulement, mais devant le monde entier. Et, devant le monde entier, moi, maréchal de France, je n'irai pas avouer les fautes commises par mes subordonnés. La France a placé sa confiance en certains d'entre eux, et si je viens à lui démontrer que ces hommes ne la méritent pas, que deviendrait mon pays ? »

» Avoir été obligé d'obéir au petit chef de bataillon d'autrefois, dont vous étiez alors le général, — voilà ce que votre amour-propre ne pouvait supporter.

« Il faut qu'on se souvienne », dites-vous ! Eh bien, souvenez-vous donc ! Si la mémoire vous fait défaut, que ne faites-vous appel à celle du général de Castagny, qui a raconté ce qui suit au pauvre maréchal Bazaine ?

» Quittant à tout jamais la carrière, le général crut séant de vous faire une visite d'adieu comme chef de l'Etat ; la conversation ne

---

(1) Nos lecteurs se souviennent de la lettre inédite de Bazaine et de l'extrait de *Mémoires* inédits que nous avons insérés plus haut, sur ce point. On voit, par cette *interview*, que M. de Mac-Mahon confirme l'opinion qui avait été attribuée à M. Thiers, au sujet des poursuites dirigées contre le maréchal Bazaine.

(Note de l'auteur).

pouvait rouler que sur les événements récents (1); la coupe débor-
dait ; vous ne pûtes plus cacher là où le bât vous blessait ; et, avec
le grand mouvement de bras qui a frappé le reporter du *Gaulois*,
vous vous êtes écrié :

« Comprenez-vous l'empereur qui m'avait mis sous les ordres
de Bazaine ? »

» Un moment d'oubli a — malheureusement pour vous — livré
votre secret ».

(1) Ce devait être au lendemain de la condamnation de Bazaine.
(Note de l'auteur).

TROISIÈME PARTIE

VII

La protection de Metz

Le 26 août, le conseil de guerre tenu à Grimont avait
décidé de rester provisoirement sous Metz, dans l'attente
des décisions du chef de l'armée de Châlons. Cette décision a été attaquée, avons-nous dit. Nous n'avons pas
qualité pour en faire la critique ou pour en examiner le
bien-fondé. Il nous semble pourtant que, quand le
commandant en chef de l'artillerie et celui du génie, qui
était en même temps gouverneur de Metz ; quand un
maréchal de France, comme Canrobert, produisent,
devant une réunion d'officiers supérieurs, une argumentation qui entraîne l'avis de l'unanimité de ce conseil, il
y a là un fait considérable. Que ces chefs de l'armée du
Rhin se soient trompés, c'est possible ; qu'ils aient
manqué d'audace, qu'ils n'aient peut-être pas suffisamment oublié leurs fatigues, cela pourrait être soutenu ;
que leur chef, le maréchal Bazaine, qui devait imposer
sa volonté, ait eu le tort de subir celle de ses lieutenants, nous n'en disconvenons pas. Lorsque l'écrivain
militaire de *The fornighlly review*, dont l'opinion a été
reproduite plus haut, écrivait : « Bazaine était né pour la
guerre, *non pour le commandement* », — nous pensons
qu'il a mis le doigt sur le côté faible, sur l'élément d'infériorité du commandant en chef de l'armée du Rhin.
Bazaine était ce qu'il était. Tel quel, c'était encore, d'après
les spécialistes, le meilleur homme de guerre, en 1870. Les
campagnes d'Afrique n'avaient pas formé des généraux
complets ; et l'officier, dont nous avons donné l'appréciation au sujet de Forbach, nous disait encore que,
jusqu'en 1870, les chefs de l'armée ne sortaient pas de

leur spécialité ; qu'un général, comme Frossard était un officier du génie très-distingué, un théoricien de réelle valeur, mais qu'il pouvait ne rien entendre à manier les hommes sur le terrain. Il paraît qu'aujourd'hui nos chefs de corps sont préparés à la direction et à la combinaison des trois armes ; tant mieux ! Mais quand on juge une époque, il faut la prendre telle qu'elle est.

On doit ajouter ceci. Devant des officiers généraux, sortis des hautes Ecoles (Polytechnique, Saint-Cyr), Bazaine, soldat sorti du rang, se croyait un petit garçon ; il était intimidé. Ce mouvement du 26 août nous en fournit la preuve. Il l'a décidée, cette marche ; les ordres sont donnés, par lui, dans la nuit du 25. Le matin du 26, Soleille, chef de l'artillerie, et Coffinières, chef du génie, gouverneur de Metz, viennent le trouver à son quartier-général et essaient de le dissuader de donner suite à son idée. Ces chefs d'armes spéciales, nommés par l'empereur, ne pouvaient pas ne pas avoir de l'autorité aux yeux de Bazaine ; il pensait qu'ils connaissaient à fond les choses dont ils parlaient ; et nous devons pourtant supposer qu'on ne choisissait pas, pour ces postes, des ignares, des imbéciles ou des gâteux. Leur argumentation le bouleverse. Mais la sortie est ordonnée ; elle aura lieu quand même.

Le malheur veut qu'une violente tempête sévisse vers midi ! Bazaine, en attendant que le temps se soit rasséréné, songe à réunir ses lieutenants dans une conférence. En se rendant sur le lieu de la réunion, il laisse échapper ce mot, révélateur d'un état d'esprit, que rapporte, dans ses *Mémoires*, le chef de l'Etat-Major Général, M. le général Jarras, qui trottait à côté de lui:

« Que vont-ils me dire ? » (1)

Non ! Ce n'est pas là le mot d'un vrai chef ! C'est le mot d'un subordonné, qui redoute les reproches de son supérieur !

Avant la publication des Mémoires du général Jarras, qui ont paru en 1890, — on connaissait une parole de

____

(1) *Souvenirs du général Jarras* (p. 157).

Bazaïne, qui le caractérise bien, et qui confirme dans cette opinion que ses épaules n'étaient pas assez fortes pour supporter le poids écrasant du commandement en chef des sept corps d'armée, ne formant en tout cependant que 250.000 hommes, qui étaient chargés de tenir tête aux six cent mille Allemands, que dirigeait l'intelligence froide et méthodique de M. de Moltke.

Cette parole, nos lecteurs la trouveront dans le compte-rendu *in extenso* du procès de Trianon (p. 166). Voici, dans quelles circonstances elle fut prononcée.

Le 17 août, Bazaine avait assigné au 6e corps la position de Verneville. Il avait, pour cela, des raisons stratégiques. Mais ce choix déplut à Canrobert ; en conséquence, cet officier-général déclara au commandant Lami, qui venait surveiller l'exécution de l'ordre du général en chef, que cet emplacement lui paraissait défectueux. Le commandant transmet cet avis à Bazaine, qui, au lieu de maintenir, de plus fort, sa décision première, se rallie à l'avis de son lieutenant. C'est, à ce propos, qu'au cours de l'interrogatoire de Bazaine, eut lieu le dialogue suivant :

« *M. le Président.* — En vous décidant à occuper la ligne de Rozérieulles à Amanvillers, vous aviez assigné au 6e corps la position de Verneville ; et c'est sur les observations du maréchal Canrobert que vous l'avez autorisé à se porter à Saint-Privat. Si vous trouviez que ce changement affaiblissait votre ligne, pourquoi l'autorisiez-vous ?

» *M. le Maréchal.* — Le maréchal Canrobert avait *dix années de grade de plus que moi ;* il me semblait convenable d'accéder à ce qu'il me demandait ».

Tout commentaire serait superflu : d'autant plus que cette mentalité militaire nous échappe complètement.

On ne peut que rappeler avec tristesse ce passage du *Cours d'art militaire* de M. le général Favé :

« Celui qui commande a besoin de posséder la force d'âme et l'étendue de vues nécessaires pour n'être jamais détourné de son but par les incidents secondaires, quelque dramatiques qu'ils soient. Un homme ne saurait être digne et capable de commander en chef une armée, sans avoir l'âme assez forte pour porter le poids de la plus lourde des responsabilités .. (car) s'il échoue, s'il est vaincu, il deviendra l'objet des mépris de la foule ignorante.

» Les généraux faits pour commander en chef, avec le sang-froid et la clairvoyance que leur grand rôle réclame, sans se laisser influencer par la terrible éventualité de la défaite, sont des hommes rares (p. 286). »

***

Le gouverneur de Metz, chef du génie, M. le général Coffinières, a déclaré ce qui suit devant la Commission d'enquête militaire :

« ... Voici quelle était la situation de nos forts. Dans aucun fort, il n'y avait de terrassement de fait ; pour ce qui était de la maçonnerie, le fort Saint Julien avait sa gorge complètement ouverte... Il n'y avait pas d'escarpe, et le bastion était tombé... Les glacis, qui devaient être taillés dans la profondeur du terrain ne l'avaient pas été, de sorte qu'ils dominaient le fort ; c'était intenable... A cette date là (26 août), il y avait au Saint Julien un homme très vigoureux, le commandant d'artillerie Protche, qui ne dormait pas sur ses deux oreilles, car il disait : « On peut entrer de tous les côtés... » Une attaque de vive force sur les ouvrages de campagne est toujours possible. Or, tous les officiers que vous pourrez consulter à ce sujet vous diront que, dans ce moment-là, les forts n'offraient pas plus de résistance qu'une fortification passagère. C'est ce qui m'a fait dire, à ce moment-là, je suppose, que les forts n'étaient pas en état de tenir quinze jours contre une attaque vigoureuse.

» *M. le général Charon.* — Vous disiez cela au maréchal Bazaine ».

Voilà qui est clair. On pense, au moins, que M. le général Coffinières va répéter ces propos aux débats publics du procès de Trianon ! Oh ! que non pas ! Lisez sa déposition (pp. 423-25) ; il ne se souvient de rien de pareil ; c'est ridicule de lui prêter de telles allégations ! Il ne dit, d'ailleurs, ni oui ni non ; c'est possible ! — *Un de plus,* qui laisse accuser son ancien chef, quand, d'un mot, il pouvait remettre les choses au point!...

Une question que nous nous permettons de soumettre aux écrivains compétents, c'est celle de savoir si la ville de Metz, livrée à elle-même, était capable de supporter un siège prolongé, sans la présence de l'armée du Rhin, dans *le camp retranché*, dans l'espace compris entre la ceinture des forts et le corps de place. Cette question avait été abordée dans une brochure, parue en 1871, chez Dentu, intitulée : *Réponse aux attaques contre le maréchal Bazaine*, et dont l'auteur était M. J. Truchy, capitaine d'état-major de l'armée du Rhin ; voici en quels termes :

« Cette place (de Metz), écrit-il, p. 15, telle qu'elle se trouvait au moment de la guerre, n'offrait pas les conditions favorables que l'on supposait généralement en France, non plus que la quantité d'approvisionnements de toute espèce, les vivres exceptés, qu'on eût été en droit d'exiger dans les magasins d'une ville appelée à servir de base aux opérations de l'armée du Rhin. *Avant l'invention des nouvelles armes*, Metz, protégée par deux rivières, garantie par ses puissantes murailles, ses nombreux bastions, pouvait, à la rigueur, présenter l'idée d'une résistance dont aucune artillerie du monde ne viendrait jamais à bout. Qu'on jette les yeux sur une carte, en calculant la nouvelle portée des pièces, et l'on verra combien les conditions sont aujourd'hui changées.

» Si, depuis Sadowa, le génie avait couvert ses approches par cinq nouveaux forts, tous les officiers de l'armée du Rhin ont pu se convaincre qu'ils étaient à peine en état de défense. On dut les armer à la hâte, et principalement avec les canons destinés au siège de Mayence!! Le fort Saint-Privat n'était qu'ébauché et celui de Queuleu, un des plus défectueux et des moins bien protégés, tombait dans ses fossés, par suite d'un vice de construction, avant même d'être terminé. Il fallit être enlevé d'un coup de main par l'ennemi, pendant le combat du 14 août.

» Comme à Strasbourg, le matériel de siège, composé en grande partie des anciens canons de 12 et de 24 transformés, eut été impuissant contre l'artillerie prussienne. . Metz n'eut pas tenu quinze jours contre un siège en règle, surtout si l'on songe aux vingt mille blessés que les batailles de Borny, de Rezonville et de Saint-Privat y avaient accumulés.

» Ce fut l'opinion de tous les généraux et commandants d'armes consultés en conseil de guerre.

» L'armée du Rhin, sur laquelle la ville comptait pour la protéger, ne fut donc pas la cause de sa perte. Elle retarda, au contraire, sa chûte de deux mois et évita à ses habitants les horreurs d'un bombardement que les Prussiens ne leur auraient certainement pas épargné ».

Donc, le problème est celui-ci. Depuis l'invention des nouvelles armes, les forts et les murs d'enceinte de Metz auraient-ils, en 1870, opposé une résistance passive aux attaques de l'artillerie, — quand même ils auraient été dotés de leur complet armement de sûreté, ce qui n'était pas. L'invention du canon rayé avait montré la nécessité d'apporter à nos places fortes des modifications, qui ne furent pas effectuées à Metz, avant la guerre.

« Le siège de Strasbourg, écrit M. le général Favé (ouvrage cité, p. 356), fait par les Allemands en 1870, ayant montré la facilité avec laquelle l'artillerie rayée peut faire brèche de loin aux remparts des places existantes, la fortification ne peut plus conserver le même profil que par le passé... »; et plus loin, p. 361 : « L'art de fortifier n'est plus en rapport avec la puissance et les effets de l'artillerie, ni avec les portées, la justesse et la rapidité de tir des armes portatives. Cet art devra, probablement, pour remplir sa mission, subir des modifications très radicales. Peut-être, devra-t-il, au lieu d'augmenter l'élévation, l'épaisseur et la force de ses remparts, pour augmenter la résistance passive de la défense, chercher son efficacité dans des moyens opposés. Abaisser ses reliefs, ne créer que des abris bas et souterrains, mais donner aux défenseurs des moyens d'offensive en leur procurant la facilité de s'approcher des travailleurs assiégeants ».

Un ouvrage plus récent : *Fortification*, par M. E. Hennebert, lieutenant-colonel du génie, traite, dans les plus menus détails, de cette nécessité de modifier la défense de nos anciennes places fortes, au regard des progrès des nouvelles armes : « De nos jours, dit-il, p. 80, la mise en service du canon rayé a brusquement appelé la sérieuse attention des puissances sur l'utilité d'un recours à l'usage de ce moyen protecteur. Les expériences... avaient suffisamment démontré que le tir plongeant des pièces pouvait faire brèche à distance ; que la puissance de pénétration des nouveaux projectiles rendait insuffisante une épaisseur de parapet de six mètres ; que *la résistance des maçonneries n'était plus, au point de vue défensif, qu'une simple expression théorique.*

» Dès lors, les ingénieurs militaires se sont évertués à protéger, à l'aide de blindages métalliques, les pièces de place affectées à l'exécution de ce tir direct ».

VIII

LE QUATRE-SEPTEMBRE

Deux ou trois jours après que l'armée du Rhin eut repris ses cantonnements, après la bataille de Noisseville, un bruit étrange et sinistre filtra jusqu'à Metz, confirmé par les hurrahs des troupes allemandes qui investissaient la noble cité lorraine et traçaient fièvreusement, autour du camp retranché, leurs lignes de circonvallation... L'armée de Châlons a capitulé... l'Empereur est prisonnier...

Puis, quelques jours après, on apprend que l'Empire est renversé et qu'un gouvernement de défense nationale a été nommé, à Paris, par acclamations populaires...

Comment furent accueillies ces dernières nouvelles par les chefs de l'armée du Rhin ? — Disons-le, tout de suite et en deux mots : très mal.

C'est ici que nous adjurons nos lecteurs de faire mentalement le double travail auquel nous nous sommes soumis nous-même : d'abord, de reconstituer par la pensée tous les éléments de la situation politique où se trouvait la France, en septembre et octobre 1870, ainsi que ceux de la situation militaire de l'armée de Lorraine, pendant cette période ; ensuite, de se figurer l'état d'esprit des grands chefs à Metz, à ce moment-là. Le premier travail, nous pouvons l'exécuter ; quant au second, il est presque irréalisable pour des républicains.

Et cependant, nous devons nous y employer, si nous voulons porter un jugement équitable sur la conduite du maréchal Bazaine à cette époque.

Comment peut-on être bonapartiste ? disons-nous aujourd'hui. Comment même a-t-on pu être bonapartiste ? ajouteront ceux qui, enfants, au lendemain du Quatre Septembre, firent partie des foules joyeuses, enivrées de bonheur et libérées, qui envahirent les préfectures et les mairies ; chassèrent, sans leur faire de mal, les fonctionnaires d'un régime abhorré ; jetèrent gaiement par les fenêtres les bustes de Napoléon III, en chantant :

> *Le père, la mère Badingue,*
> *Le petit Badinguet !*

Si, alors, on était venu nous dire que, moins de deux mois après, « la mère Badingue » devait négocier, avec le roi de Prusse, le rétablissement de l'Empire, au profit du « petit Badinguet », et que des généraux et des maréchaux devaient prêter la main à cette restauration, nous aurions applaudi au déboulonnement de la colonne Vendôme ; nous aurions trouvé naturel qu'on enfermât dans une prison d'Etat *la louve et le louveteau*, comme disaient nos pères en 1793, et qu'on fusillât ces grands chefs, traîtres à la République, à commencer par Bazaine...

Bazaine a trahi ! s'écria Gambetta, trompé par les faux rapports d'un aventurier, qui se donna pour un aide-de-camp du maréchal Bazaine. Et ce cri, proféré dans un coup de sang, dans l'affolement de la colère, — rugissement de lion blessé, — retentit encore dans nos âmes, après trente-quatre ans écoulés ! L'Histoire, pensons nous, répudiera cette imprécation ; mais elle dira avec justice : si Bazaine n'a pas trahi la patrie, il a trahi ces entités qui sont aussi augustes qu'elle : la Liberté, la cause du Progrès, les intérêts supérieurs de l'Humanité.

Les chefs de l'armée du Rhin accueillirent très mal la proclamation de la République. Ecoutons ce qu'a déposé Canrobert, le 18 novembre 1873 (procès de Trianon, p. 543) :

« ... Dans cette réunion, personne, parmi les généraux qui étaient présents, n'a élevé la voix ; nous avons écouté en silence le maréchal (Bazaine) nous annonçant le désastre de Sedan, et nous donnant des ordres pour maintenir le moral de nos soldats, et, en même temps, pour nous transporter au milieu d'eux, dans la crainte que l'ennemi, enivré par la nouvelle de la victoire, ne cherchât à nous tomber dessus dans les positions que nous occupions.

» *M. le Président*. — Etait-ce dans cette réunion (du 12 septembre) que vous avez eu connaissance, pour la première fois, des événements de Sedan et de Paris ?

» *M. le maréchal Canrobert*. — Oui. Le bruit en avait déjà couru, mais nous ne pouvions pas y ajouter foi, tant cela nous paraissait **énorme et monstrueux** ».

Voilà la note.

Quant au maréchal Bazaine, il espérait être relevé de son commandement par le nouveau gouvernement, ses opinions impérialistes lui défendant de servir la République, la cause de la Révolution. Dans ce conseil d'officiers-supérieurs, il déclara qu'il attendait les instructions du pouvoir issu de la manifestation parisienne.

On lit dans l'interrogatoire de Bazaine (p. 185) :

« *M. le Maréchal*. — Je les attendais d'autant plus, dit-il, que je comptais donner ma démission en ce moment. C'est dans cet ordre d'idées que je me trouvais ».

Le temps se passe. Bazaine ne reçoit aucune communication officielle (1). La ville et les camps ont pourtant besoin de savoir à quoi s'en tenir, sur ces graves bouleversements militaires et politiques. Aussi le 16 novembre, le général en chef mit-il la proclamation ci-après à l'ordre du jour de l'armée :

« A l'armée du Rhin !

» D'après deux journaux français, du 7 et du 10 septembre, apportés au grand quartier général par un prisonnier français, qui a pu franchir les lignes ennemies, S. M. l'empereur Napoléon III aurait été interné en Allemagne, après la bataille de Sedan, et l'impératrice, ainsi que le prince impérial, ayant quitté Paris, un pouvoir exécutif, sous le nom de gouvernement de la Défense nationale, s'est constitué à Paris. Les membres qui le composent sont (*suivent les noms*).

» Généraux, officiers, soldats de l'armée du Rhin, nos obliga-

---

(1) Le préfet nommé par le nouveau gouvernement pour remplacer, à Metz, le préfet impérial, M. Paul Odent, ne dut pas pouvoir pénétrer dans la cité investie. Ce préfet était M. Henri Didier. (V. *Journal officiel* du 6 septembre 1870).

On n'accédait pas facilement dans les villes assiégées par les armées allemandes, pendant la dernière guerre. Ce fut vraiment au péril de ses jours qu'un honorable filateur de Bischwiller, M. Adrien Heimpel, fit entrer dans Strasbourg M. Edmond Valentin, préfet de Gambetta.

On lit dans le beau livre de Lucien Delabrousse, paru chez Berger-Levrault, sur *Valentin, un héros de la défense Nationale*, les lignes ci-après :

« Le *Journal officiel* du 16 janvier contient un décret, en date du 12 janvier, par lequel M. Heimpel (Adrien), négociant, est nommé chevalier de la Légion d'honneur, *pour services exceptionnels à la défense de Strasbourg* ».

[Nous laissons les lignes qui précèdent telles que nous les avons primitivement rédigées. Mais il est de notre devoir de citer le passage suivant des *Procès-verbaux de la Défense Nationale*. (Journal le *Matin*, supplément), qui ont récemment paru :

« Séance du 4 novembre.

« M. H. Didier annonce au Conseil qu'il a reçu indirectement de Tours une dépêche qui le nomme gouverneur général de l'Algérie ».

Une double question nous paraît devoir se poser :

1° Ce Monsieur H. Didier est-il le personnage désigné par le décret du 6 septembre ?

2° D'où vient, dans ce cas, qu'il se trouvât, le 4 novembre, à Paris, qui était investi depuis le 19 septembre ? Y était-il entré, après un essai infructueux de pénétration dans Metz, ou n'avait-il pas tenté de rejoindre le poste qui lui avait été assigné par le décret précité ?]

tions envers la patrie en danger restent les mêmes. Continuons donc à la servir avec le même dévouement et la même énergie, en défendant son territoire contre l'étranger, l'ordre social contre les mauvaises passions.

» Je suis convaincu que votre moral, ainsi que vous en avez déjà donné tant de preuves, restera à la hauteur des circonstances, et que vous ajouterez de nouveaux titres à la reconnaissance et à l'admiration de la France! »

Ce document résume l'attitude que Bazaine aura jusqu'au moment où l'armée, étant arrivée *à son dernier morceau de pain*, comme l'a écrit le magistrat-instructeur, devra se rendre, — vaincue, pour la première fois, mais vaincue par la famine.

Au point de vue militaire, il est prêt à obéir au gouvernement de la Défense et à coopérer avec lui.

Au point de vue politique, il ne reconnaît, comme régime légal, que l'Empire ; comme pouvoir régulier, que celui de l'impératrice-régente ; il leur reste d'autant plus fidèle, qu'il estime que ce régime et ce pouvoir sont plus capables qu'un gouvernement révolutionnaire de défendre « l'ordre social contre les mauvaises passions ».

Sans doute, on ne voudrait pas trouver cette phrase dans le beau document qui précède ; mais si Bazaine ne l'avait pas insérée, il aurait trompé les autres et se serait menti à lui-même.

Si nous voulons nous faire une opinion exacte sur l'ex-maréchal Bazaine en 1870, prenons-le tel qu'il était, c'est-à-dire, pour un vieil officier impérialiste, partisan d'un gouvernement d'autorité, ignorant les aspirations de la Démocratie, qu'il appelle de *mauvaises passions*. Hélas ! combien y en avait-il, en 1870, dans la haute armée, qui fussent, je ne dirai pas des républicains, mais simplement des libéraux ?...

Mais, il faut pousser plus à fond cette analyse d'un caractère de soldat ; il faut essayer de montrer cette nature sans souplesse, entêtée dans son conservatisme. Bazaine ne fut pas un bonapartiste à la Canrobert. Celui-ci inaugure sa carrière politico-militaire, en canonnant le peuple en décembre 1851, au boulevard Poissonnière, et il la termine, en représentant la République française, en 1878, aux obsèques du roi Victor-Emmanuel. Habile à tirer son épingle du jeu, il décline les responsabilités qui pesaient sur lui, de droit. En Crimée, à la mort du maréchal Saint-Arnaud, le commandement de l'armée d'Orient lui revenait ; il prétexte une blessure, et passe cette lourde charge à Pélissier. — Bazaine, au contraire, au lendemain du Quatre-Septembre, n'avait qu'un geste à faire pour devenir l'homme prépondérant de la Révolution triomphante. Les chefs de cette Révolution faisaient grand cas de lui : il était *notre glorieux Bazaine*, comme l'écrivait Jules Favre dans un document officiel. D'abord, il était le meilleur capitaine du vieux personnel militaire ; ensuite, on pensait se l'attacher, parce que Napoléon III l'avait froissé, malgré sa belle conduite au Mexique ; enfin, les républicains lui savaient gré de n'avoir pas fait de politique et de ne s'être jamais occupé que de son métier.

Ce geste attendu, non-seulement il ne le fait pas, mais, dès sa première proclamation, après le Quatre-Septembre, il flagelle implicitement le nouveau pouvoir, en faisant allusion à son origine.

Etrange ambitieux, on l'avouera, que ce prétendu traître par ambition !

Cet esprit laborieux, cet homme qui, par son travail et son application, avait tiré de sa giberne son bâton de maréchal, n'entendait rien aux habiletés et aux roueries qui avaient poussé des officiers de salon et des cotillonneurs à des postes élevés dans l'armée.

C'était un convaincu et un sentimental. Il ne reculait pas devant ce qu'il croyait être le devoir ; le 12 août 1870, il accepte une situation compromise, dont ne veut pas se charger Canrobert à qui elle revenait de droit ; il aimait l'Empereur, parce qu'il le trouvait bon ; et, dans son livre publié en 1883, il s'attendrit, aux larmes, en parlant de l'ex-prince impérial.

Son conservatisme était raisonné, sinon raisonnable. Dans son ouvrage : *Episodes de la guerre de 1870*, il expose sa profession de foi dans les termes suivants, en s'adressant aux républicains, qui eurent pourtant le courage de recueillir le pouvoir tombé des mains débiles et incapables du souverain fait prisonnier à Sedan :

« Une révolution est l'expression violente d'une idée nécessaire que le gouvernement refuse de reconnaître et d'établir rationnellement. Etait-ce votre cas? L'Empereur venait de donner des preuves de son bon vouloir pour satisfaire, autant que possible, les vœux du parti... lequel? Je ne sais comment le définir, car nous sommes tous extra-libéraux en France... Je l'appellerai : le parti du *changement*.

» Le suffrage universel avait approuvé la révision de la Constitution impériale; la main de l'autorité s'était ouverte et la licence ne tarda pas à en profiter pour discréditer cette autorité... Les agitateurs ne respectèrent pas le pouvoir émané du suffrage universel, la souveraineté du peuple, méprisant ainsi ce principe : *vox populi, vox Dei* ».

Voilà ce qu'écrit l'ex-maréchal Bazaine, treize ans après les évènements de 1870. Cet homme si intelligent n'est pas capable de remonter des effets aux causes; il n'a pas un reproche pour l'auteur véritable de nos désastres, et, jusqu'à sa mort, il parlera de sa mémoire avec émotion et respect.

Ne trouverions-nous pas la raison de ces doctrines si nettement rétrogrades, dans le fait que Bazaine a séjourné plusieurs années en Espagne? Dans ses *Etats de service*, nous lisons la mention suivante :

« B. Maintenu (en 1837) en Espagne, comme adjoint au lieutenant-colonel de Sénilles, commissaire français près des armées de la reine-régente ».

Cette reine-régente était Marie-Christine, mère de la future reine Isabelle.

Ce n'est pas calomnier le noble peuple espagnol que de dire que son gouvernement, en 1837-38, n'avait que des rapports lointains avec un régime démocratique.

A ce propos, qu'il nous soit permis de citer la lettre que l'ex-reine Isabelle écrivit à Bazaine, au lendemain de la condamnation de celui-ci, le 11 décembre 1873, — lettre qui honorera toujours la femme qui l'a écrite :

« CHER MARÉCHAL,

» Aujourd'hui, plus que jamais, je suis votre amie.

» Je m'offre à vous pour ce qui peut vous servir.

» Dites-moi ce que je puis faire, et je le ferai, quoi que ce soit.

» Vous savez que vous pouvez toujours compter sur l'affection et la véritable amitié que je vous porte.

» ISABELLE DE BOURBON ».

En lisant ces lignes, on songe à la belle parole de Mme de Staël :

« Quel que soit l'être qui tombe de haut sous mes yeux, je mesure la chûte et je souffre de tous ses degrès ».

IX

COUPS DE GRIFFE

« Frappons des coups de tous les côtés ; donnons des *coups de griffe* partout et incessamment », avait dit, dans le conseil du 26 août, M. le maréchal Canrobert. Ainsi fut fait.

Bazaine a écrit dans *l'Armée du Rhin* :

« L'armée ne devait pas rester inactive et se laisser annuler. Dès le 25 août, j'avais donné des instructions pour que chaque corps exécutât des opérations en avant de son front... D'un autre côté, les compagnies de partisans, formées dès la fin août, dans les diverses divisions, harcelaient perpétuellement l'ennemi et l'obligeaient à conserver un gros effectif autour de nous ».

Écoutons les commandants de corps.

M. le maréchal Le Bœuf a déclaré (procès de Trianon, pp. 533 et s.) :

« Dans la période (comprise entre le 1er septembre et le 8 octobre) les corps d'armée ont été principalement occupés à se fortifier et à se réapprovisionner dans les villages situés dans l'intérieur de leurs lignes ou voisins de ces lignes. Le 3e corps, étendant ses lignes jusqu'à Bellecroix, d'une part, le Goupillon et Mey, de l'autre, a pu recueillir ainsi, *conformément à la circulaire de M. le commandant en chef, en date du 28 août*, une quantité notable d'approvisionnements en fourrages et en blé; on prit beaucoup de fourrages à Lauvallier, à Mercy et à Vany, enfin dans toutes les communes voisines de nos troupes...

» Ces travaux (construction des lignes) *ont été ordonnés par le général en chef*, et c'était tout naturel. Nous avions devant nous, et à très peu de distance, les avant-postes prussiens ; et toutes les nuits, les Prussiens faisaient quelques tentatives. J'ai dit qu'une seule avait eu un instant de succès ; mais enfin, il fallait que nos hommes pussent se reposer ; c'est ce qui explique pourquoi nous avons établi des lignes un peu profondes... Nous avons fait quelques travaux qui avaient un très grand intérêt pour la place. Ainsi, mon corps a construit la lunette de Gorde avec une rapidité extraordinaire .. »

M. le maréchal Canrobert a dit: (*ibid.*, p. 541) :

« Lorsque nous entrâmes dans nos lignes de Metz, après le combat de Sainte-Barbe, nous organisâmes immédiatement des compagnies de partisans ; ces compagnies, composées d'hommes de bonne volonté, étaient chargées de tenir nos troupes en éveil, et, en même temps, d'imposer à l'ennemi et de l'empêcher de trop se rapprocher.

» *M. le maréchal Bazaine avait organisé cette création* pour donner plus de sécurité à ses avant-postes. De deux nuits l'une, ces compagnies sortaient des lignes et avaient des engagements avec l'ennemi (1)... Le 23, M. le Maréchal *nous donna l'ordre* de nous emparer de Thury et de Saint-Eloi, à la droite de mon corps d'armée, et de ramasser les ressources qui pouvaient se trouver dans ces villages. Cela fut fait. L'ennemi fut délogé, sans nous opposer une très vive résistance, et nous nous emparâmes de tout

---

(1) Nous avons été obligé, pour la tâche que nous nous sommes assignée, de formuler certaines critiques à l'encontre de M. le maréchal Canrobert; mais nous sommes heureux de dire avec quelle affection vraiment paternelle et quelle bonne humeur française, le brave chef, qui combattit si héroïquement à Saint-Privat, traitait les soldats du 6e corps, qui l'adoraient.
(Note de l'auteur).

ce qui se trouvait dans ces localités, en fait de vivres. Puis, nous revînmes, en envoyant cette quantité d'approvisionnements, qui n'était pas considérable, au magasin central ».

M. le général Frossard, déclare, à son tour (p, 538) :

« Le 1er septembre, le 2e corps, dont j'étais le chef, était revenu prendre ses positions entre la Seille et la Moselle ; il a eu, dans les premiers jours, à s'occuper de son installation militaire, c'est-à-dire, de la constitution des lignes qui pouvaient le mettre à l'abri d'une attaque, en supposant que les Allemands eussent voulu en faire une, sur ce front de la place. Le 3 ou le 4, une dépêche de M. le Maréchal m'a invité à examiner une question ; il s'agissait de l'occupation d'une position que tenait l'ennemi, Mercy-le Haut et le village de Peltre. *M. le Maréchal voulait que cette position fût enlevée et qu'on cherchât à l'occuper d'une manière définitive, afin que nous puissions étendre nos lignes de ce côté.* Nous nous sommes préparés à cette opération, qui devait avoir lieu le 7 septembre, mais *des observations furent présentées à M. le Maréchal*, au sujet de l'occupation définitive et permanente de cette position, attendu qu'elle avait des bois sur sa gauche .. (1)

M. le Commissaire du gouvernement. — Dans les opérations de la fin de septembre, le général Frossard s'est-il aperçu que le moral des troupes eût souffert et qu'elles eussent moins d'entrain que précédemment ?

M. le général Frossard. — Vers la fin de septembre, ce n'était pas le moral qui était affaibli, c'était le corps : *nos pauvres hommes n'avaient presque plus rien à manger ;* le conseil sait à quoi étaient réduites les rations et quelle était la situation des troupes dans les camps, avec des intempéries permanentes ; les hommes étaient malheureux ; mais le moral existait encore, je dois le dire, et la discipline était bonne ; elle a été bonne jusqu'au dernier moment à Metz.

M. le Président. — Il n'y a pas d'autres questions à adresser au

---

(1) Le lecteur le voit, c'est toujours la même chose. A chaque pas, le maréchal Bazaine se heurte à la désobéissance du général Frossard. Celui-ci fait toujours des *observations*. Résultats : défaite de Forbach ; non-occupation de Mars-la-Tour, le 15 août ; non-occupation de Peltre et Mercy-le-Haut, le 7 septembre.

(Note de l'auteur).

témoin ? Messieurs les juges ?... Monsieur le défenseur ? Monsieur le Maréchal ?

» *M. le maréchal Bazaine.* — Le général Frossard a parlé d'intempéries. M. le Commissaire du gouvernement demande souvent si le moral des troupes avait souffert. Les troupes étaient sous les petites tentes et, du 1er au 20 septembre, nous avons eu une pluie diluvienne.

» Les hommes étaient dans la boue jusqu'au milieu du corps et mal nourris.

» Le moral était très bon, mais le physique n'en a pas moins une certaine influence sur le moral.

» M. le Commissaire du gouvernement voulait éclaircir un fait.

» Ce fait, c'est le temps.

» Jamais nous n'avons manqué de cœur, ni les uns ni les autres ».

X

RÉGNIER

Pendant que cette brave armée de Lorraine souffrait, sans se plaindre, de la faim et des intempéries, et, par son action incessante, sur tous les fronts de ses lignes, retenait autour d'elle 200.000 Allemands, commandés par l'un des plus redoutables chefs ennemis, le prince Frédéric Charles, le *prince rouge*, en attendant que se formât, dans l'intérieur du pays, l'armée de secours qui viendrait la délivrer, — un homme, à l'allure bourgeoise, ayant la physionomie d'un officier en civil, se présenta, le 23 septembre, à l'un de nos avants postes : c'était Régnier.

S'est il donné comme *courrier de l'empereur* ou comme *envoyé d'Hastings ?* (1) Qu'importe! Régnier a fait dire au maréchal Bazaine qu'il venait de la part des souverains

(1) Hastings était le lieu de la résidence de l'ex-impératrice.

tombés, et nous savons que Bazaine reconnaissait encore, à cette époque, après le 4 septembre, Napoléon III et la régente comme ses véritables souverains. Partant de là, il est naturel qu'il ait immédiatement accordé audience à cet inconnu.

Nous n'avons pas besoin de dire que nous faisons toutes nos réserves au sujet de la thèse politique soutenue, à Trianon, par l'ancien chef de l'armée du Rhin. Mais nous croyons appliquer les principes de la saine critique historique, en essayant, pour juger Bazaine, de comprendre son état d'esprit, à ce moment-là.

Michelet a écrit : « C'est pour l'histoire une condition indispensable que d'entrer dans toutes les doctrines, que de comprendre toutes les causes, que de se passionner pour toutes les affections ».

Au surplus, la question n'est pas de savoir si Bazaine et ses lieutenants méritaient d'être traduits devant une Haute-Cour de justice pour avoir favorisé une tentative de restauration impérialiste, mais bien de vérifier si Bazaine fut un soldat *félon*, ainsi que s'exprimait, dans un récent article sur « l'Art de M. de Moltke », croyons-nous, M. le lieutenant-colonel Rousset, ancien professeur à l'Ecole de guerre.

Quel a été le rôle véritable joué par Régnier, en septembre et octobre 1870? Nous disons : *et octobre*. Sa mission semble se terminer le 24 septembre; ou au 30 septembre, au plus tard. Mais, selon nous, elle se prolonge jusqu'au 24 octobre. On lit, au compte-rendu des débats de Trianon (p. 568), dans la déposition Pozzo di Borgo :

« *D.* — Connaissez-vous l'individu dont je vous montre le portrait ?

» *R.* — Je reconnais cet individu. Le 2 ou le 3 novembre au matin, je me trouvais dans la cour de la caserne d'artillerie à Cologne, avec tous les officiers français arrivés la veille au soir en captivité dans cette ville, lorsqu'un monsieur, se disant français, nous accosta... Il demanda au capitaine Niox s'il connaissait deux officiers d'Etat-Major du nom de Régnier, ajoutant qu'il était leur oncle. Arrivés à l'hôtel, il nous demanda ce que l'on avait dit, dans l'armée de Metz, lorsque le général Bourbaki était sorti, en disant : *c'est moi qui l'ai fait sortir*. Il nous posa la même question relativement au général Boyer et ajouta les mots : *c'est moi qui l'ai fait sortir.* »

Nous croyons que Régnier disait, ce jour-là, la vérité. Nous exposerons tout à-l'heure pourquoi.

— Que venez-vous nous parler de Bourbaki et de Boyer? penseront beaucoup de nos lecteurs... Il n'y a qu'un mot qui serve : Régnier était un espion de M. de Bismarck, voilà tout... Il s'est fait livrer par Bazaine le secret de la pénurie de ses vivres ; l'indigne chef de l'armée du Rhin lui a révélé qu'il n'avait de vivres que jusqu'au 18 octobre; quatre jours après, Régnier répétait ce propos à M. le commandant Lamey, en Angleterre. Comment aurait-il su et dit cela, le 28 septembre, si Bazaine ne le lui avait pas appris le 24 septembre? Bazaine ne valait pas plus que Régnier et Régnier que Bazaine... Et on a bien fait de les condamner à mort tous les deux, comme traîtres à la patrie ! La cause est entendue.....

Que nos bienveillants lecteurs nous permettent cependant de continuer et de faire remarquer ceci :

Que Régnier soit venu à Metz avec l'autorisation de M. de Bismark, c'est certain. Voici, en effet, le texte du sauf-conduit que lui avait délivré le chancelier :

« Je requiers les officiers commandants de troupes de laisser passer sans empêchement M Régnier et de lui faciliter son voyage autant qu'il sera possible.

» Ferrières, 20 septembre 1870.

» Von BISMARCK. »

Et plus bas :

« Tous les détachements de troupes sont requis d'exécuter ce qui est ci-dessus.

» Quartier-général de Ferrières.

» Prince PODBIELSKI. »

Mais il y a une différence à établir entre un sauf-conduit et une procuration ou un mandat, une différence du tout au tout. M. Jules Favre dut avoir un sauf-conduit rédigé de la même façon.

Régnier tenait-il du maréchal Bazaine que nous n'avions de vivres que jusqu'au 18 octobre ? M. le général Pourcet, commissaire du gouvernement, l'a avancé, à Trianon :

« Le Maréchal, a-t-il dit dans son réquisitoire, voulant hâter la solution, lui fit remarquer (à Régnier) que, de paralysée qu'elle était, l'armée, par la force des choses, aurait bientôt cessé d'exister, et *il lui indiqua le 18 octobre* comme le dernier terme auquel il pût arriver...

» Une fois sorti de Metz, et bien avant la capitulation, Régnier fit connaître cette date au commandant Lamey. » (Débats *in-extenso*, p. 716).

Oui, Régnier a déclaré qu'il avait fait connaître cette date — qui, d'ailleurs, n'avait rien de fatidique, puisque la reddition de Metz n'a pas eu lieu le 18, mais le 28 ; — mais il n'a pas déclaré qu'il tenait ce renseignement de Bazaine ; il a même précisé qu'il le tenait d'une autre source !

Voici ce qu'a déposé M. le commandant Lamey, au procès Bazaine :

« En mon âme et conscience, je dois dire que les paroles qu'il (Régnier) a prononcées ne sont pas tout-à-fait celles qu'on lui a attribuées. Il m'a dit : « Oh ! *je sais mieux que le maréchal Bazaine* ce qui se passe dans Metz ; je puis vous dire qu'il n'y a de vivres que jusqu'au 18 ; en rationnant plus qu'on ne le fait aujourd'hui, on ira peut-être jusqu'au 22, et en ne mangeant pas tout, jusqu'au 25. »

» Pourtant Régnier, continue le commandant Lamey, avait, à ce moment-là, un intérêt énorme à me faire croire qu'il était dans la confidence du maréchal, et il n'eût pas manqué de me dire : « M. le Maréchal m'a montré sa situation ; il m'a expliqué les ressources qu'il avait en ville. » — Loin de là, je crois pouvoir affirmer qu'il était mieux informé que le maréchal. » (Compte-rendu, p. 665).

Donc, en analysant la déposition du commandant Lamey, l'organe du Ministère public a tout simplement mis sur le compte du maréchal Bazaine ce qui était le fait d'un autre. Comment un magistrat a-t-il pu ainsi travestir la vérité ?

Voilà comment naissent les légendes...

**

Qu'était Régnier ?

On a pu lire, dans le *Journal d'Asnières,* nº du 30 août 1903, sous la signature de l'honorable citoyen Gromier, ancien combattant de la Commune, un article dont nous détachons les passages suivants :

« Que de curieuses réminiscences agitèrent mon esprit, lorsque je lus, samedi soir, le nom finalement sorti... pourquoi ?... de la bouche hoqueteuse de cette pyramidalesque pauvre Mᵐᵉ Thérèse !

» *Régnier!!!* En 1871, fin mai, après avoir été mitraillé et blessé trois fois, à Satory, j'avais été soigné, puis transporté à Versailles, par les soins de deux braves et intelligents gendarmes, et avec l'assistance d'un autre prisonnier, Ernest Lavigne, ancien rédacteur de *la Marseillaise,* qui devint mon amical co-détenu dans la geôle de l'Avenue de Paris. Nous occupions, là, une vaste cellule, le nº 27. Nos deux larges fenêtres donnaient sur l'avenue ; assis sur leurs embrasures intérieures, nous appuyant contre leurs barreaux de fer, nous pouvions voir passer et repasser la foule, entrer et sortir les employés et les visiteurs de la prison, amener et élargir les prisonniers et les prisonnières. Il y avait déjà dans la prison Mˡˡᵉ Azémia Delescluze, Mᵐᵉˢ Millière et Dereure, MM. Paul Meurice, Barbieux, Grousset père et Grousset fils cadet, Fossé, Sotaz, Duriec, Boulange, Fallas, Renaud, Mage-Nouguier, Ceszkowski, Atal, etc., etc. Et sous nos propres fenêtres, dans une sorte de long et très étroit jardin, transformé en préau pour les *prévenus recommandés,* nous vîmes, dès le second jour de notre captivité, des gens de vraiment bonne allure, parmi lesquels *Régnier...* déjà détenu depuis plusieurs semaines.

» Extraits de mon *Journal d'un Vaincu,* écrit en 1871, édité par Victor-Havard en 1892 — *30 mai 1871,* page 59 :

» Nous apercevons aussi le petit enclos où se fait la promenade, et nous communiquons par gestes avec les promeneurs. Ils sont, pour la plupart, d'apparence distinguée : nous remarquons surtout trois vieillards, à longue barbe et à longs cheveux blancs. L'un, le plus âgé, ressemble beaucoup à Raspail ; *le second a l'air d'un officier retrait*[1] ; je connais le troisième qui porte lunettes et qui est de haute taille : c'est M. Laluyé, de Rueil, l'ex-ami intime de Jules Favre.

» *31 mai, p. 62.* — Le vieillard qui ressemble à un officier retraité n'est autre que le trop fameux *Régnier*, l'agent bonaparto-allemand, qui a joué un rôle si mystérieux à l'époque de la capitulation de Metz et de la fuite de Bourbaki à Londres. Il est ici depuis le 6 avril dernier : le général Valentin a fait enregistrer son arrestation sous ce titre : **intrigues politiques contre le gouvernement actuellement établi en France.**

. . . .

» 8 juin — pages 79 et 80. - M. Régnier, qui jouit d'une liberté relative dans la prison, a réussi à me faire passer sa brochure sur les *Mystères de la capitulation de Metz*. Après avoir lu, relu et médité cet ouvrage, qui paraît œuvre de franchise, je résume ainsi mon avis et celui de Lavigne sur son original auteur : c'est un de ces hommes à idées fortes et prime-sautières, au cœur audacieux, que l'on rencontre parfois dans les temps difficiles ; ils font toujours merveille, s'ils parviennent à s'imposer.

» M. Régnier a été à deux doigts de sauver Napoléon, à son propre insu. Il a failli rétablir l'Empire, sans la moindre participation de l'Empereur.

» Il a fait, un moment, l'impératrice régente, malgré elle.

» ... M. Régnier a fait preuve de génie, dans ses conceptions hardies et aventureuses. Il y a en lui, pleinement, l'étoffe d'un ministre, d'un *Richelieu bâtard*...

» Quoi que je puisse savoir, pour ou contre, je n'ai pas à prendre parti dans l'affaire Humbert-Crawfort-Régnier...

» Mais il me reste un devoir à accomplir, en terminant cet étalage de vie revécue.

» J'affirme qu'*aujourd'hui, en 1903*, je ne crois, *pas plus qu'en 1871*, que Régnier ait voulu trahir sa patrie. Il a cru pouvoir la sauver ; il a essayé de la sauver, à ses frais personnels, à ses risques et périls. Il fut un intermédiaire et un conseiller désintéressé ».

Voilà l'opinion d'un digne citoyen, qui a observé avec curiosité Régnier, qu'il a jadis fréquenté.

On connaît l'histoire officielle de ce qu'on appelle « l'incident Régnier ». Nous nous permettons d'y renvoyer le lecteur.

Régnier obtient que Bourbaki aille, le 24 septembre, auprès de l'impératrice.

Bourbaki échoue dans sa mission, le maréchal Bazaine refusant de traiter au nom de la ville de Metz, cette cité ayant un gouverneur nommé par l'Empereur.

Boyer se rend, le 11 octobre, auprès de M. de Bismarck, au nom du conseil de guerre tenu par les chefs de l'armée du Rhin ; et, le 19 octobre, toujours au nom des membres de ce conseil, auprès de l'impératrice Eugénie, à Chislehurst, pour arriver à la conclusion d'un traité de paix entre le roi de Prusse et l'ex-régente, stipulant pour son fils mineur.

Notre conviction concorde avec celle de M. Gromier sur ce point que les généraux Bourbaki et Boyer sortirent de Metz, à l'instigation de Régnier.

Celui-ci agit-il à l'insu et malgré l'impératrice ? — M. Gromier le pense ; nous ne sommes pas de son avis.

Au sujet de ces *intrigues politiques contre le gouvernement établi en France*, après le Quatre Septembre, suivant l'expression, citée plus haut, de M. le général Valentin, nous sommes en pleine nuit..... M. de Bismarck n'a pas parlé ; l'impératrice a accepté les félicitations du Gouvernement de la Défense Nationale, à l'occasion de l'attitude qu'elle aurait eue, en face des missions Bourbaki et Boyer ; Régnier n'a pas comparu aux débats publics à Trianon... Nous ne savons pour quelle cause le Parquet militaire qui le tenait, l'a fait relâcher, ni pourquoi le duc d'Aumale lui aurait fait refuser un sauf-conduit qu'il aurait, dit-on, fait demander par une lettre que Mlle Régnier aurait remise au président du conseil de guerre...

Il y a des *trous*, dans la conduite de ce procès, qui donnent beaucoup à penser... M. le duc d'Aumale n'a pas fait la lumière, ainsi que c'était son devoir...

Quant à Bazaine, son *loyalisme* envers les souverains tombés lui a mis un sceau sur les lèvres, quand ce débat a été agité. Il a eu des réponses ridicules ; et M. le duc d'Aumale, qui devait connaître la vérité, et qui, avec son intelligence aigüe, avait vite compris que le maréchal ne riposterait pas, — s'en donna à cœur-joie, de piquer le prévenu des traits les plus acérés de son ironie. Il avait beau jeu ; il parla presque tout le temps, et chaque réponse que faisait Bazaine constituait une bêtise. Celui-ci aurait mieux fait de dire qu'il s'était prêté à une tentative de rétablissement de l'Empire. Mais, pour cela, il fallait mettre en cause l'Empereur, qu'il aimait, et l'impératrice, qu'il respectait. Il ne le voulut pas... On sait le beau résultat de cette attitude chevaleresque !

M. le comte d'Hérisson écrit, dans *La Légende de Metz* (p. 236-9) :

« Quand il (le maréchal Bazaine) apprit la composition du conseil (de guerre), quand il vit quelle en était *la couleur politique*, il ne douta pas de la sentence. Il fit son sacrifice ; il devait penser, en effet, qu'il serait condamné, puisqu'il était déterminé à ne pas forcer les juges à l'acquitter et à ne pas révéler ce qu'il croyait contraire aux intérêts de la France et de son armée... Il était résolu à ne pas faire et à ne pas laisser faire ce tableau... C'était déconsidérer une bonne partie des chefs qui jouissaient de l'estime de l'armée...

» M⁶ Lachaud, son digne, loyal défenseur, déclara au Maréchal qu'il se condamnait lui-même d'avance, et qu'il lui serait impossible de le sauver,... s'il n'était pas autorisé à faire citer un certain nombre de témoins qui s'offraient de prouver, se mettant au-dessus du scandale, que telle ou telle déposition était fausse.

» Il répondit que la plaidoirie de son avocat devait se borner à réfuter l'accusation ; que, quant à lui, son sacrifice était fait.

» *On lui fit dire, à deux reprises différentes, dans la prison, que s'il voulait être acquitté, il n'avait qu'à charger l'Empereur, et à répondre à toutes les questions qui lui seraient posées : c'était par ordre de l'Empereur.*

» Ces avis officieux étaient-ils sincères ? — Sincères ou non, le Maréchal ne voulut pas s'y rendre.

» Tous les moyens de faire surgir la vérité, et de forcer, par conséquent, ses juges, bon gré, mal gré, à prononcer un acquittement, — il ne voulut pas les employer.

» Il fut, pendant le procès, ce qu'il avait toujours été sur le champ de bataille : calme, impassible, maître de lui ».

***

Les négociateurs politiques de ce complot bonapartiste s'étant tu, — voyons si nous devons renoncer, pour le moment, à soulever un coin du voile épais qui recouvre ces agissements, qui durèrent exactement un mois, du 24 septembre au 24 octobre.

Prenons des documents certains, tirés tant des éléments du procès que des publications qui y sont postérieures, et essayons de reconstituer le scénario de cette pièce mystérieuse.

Lorsque Régnier se présente à Bazaine, il a pour carte d'introduction, quoi ? — Une vue d'Hastings, sur laquelle l'ex-prince impérial a écrit ces mots :

« MON CHER PÈRE,

» Je crois que vous serez bien aise d'avoir une vue de la maison que nous habitons à Hastings.

» Votre fils dévoué,

» (*Signé*) LOUIS NAPOLÉON ».

Et c'est sur le vu de ce papier insignifiant, a-t-on dit à Bazaine, que vous recevez un inconnu, que vous vous entretenez avec lui et que vous le présentez au maréchal Canrobert, aux généraux Bourbaki, Boyer — sans compter ceux qu'on ne nomme pas ?

Bazaine ne répond rien.

Dix ans après sa condamnation, il reçoit en Espagne la visite d'un historien, d'un publiciste appartenant au parti conservateur, qui a joué un rôle très-honorable comme officier d'ordonnance du général Trochu, chef du gouvernement de la Défense Nationale, et plus tard, de Jules Favre, dans ses négociations avec M. de Bismarck : nous voulons parler du comte d'Hérisson.

A lui, il confie le mot de l'énigme ; à lui, il dit qu'en voyant cette carte photographique, il a compris, tout de

suite, que Régnier était un agent secret de l'impératrice.
M. d'Hérisson écrit, dans *La Légende de Metz,* p. 205 :

« Régnier était porteur d'une photographie que le prince impérial avait récemment signée et datée de Chislehurst.

» Beaucoup de personnes ne savent probablement pas que c'est par des portraits ou des photographies de cette sorte, que les Napoléons ont toujours accrédité leurs agents secrets, ne voulant pas se compromettre, d'une part, et voulant, de l'autre, faire connaître leurs mandataires ».

L'impératrice demande qu'on lui envoie, qui ? Le beau-frère de sa dame de compagnie, Mlle Lebreton : M. le général Bourbaki. Je lisais dernièrement une étude où l'on disait que les Prussiens avaient voulu faire sortir de Metz le meilleur général. Ce départ de Bourbaki nous paraît avoir une explication bien plus naturelle. Régnier, fort de son mandat, — clair pour des initiés comme le maréchal Bazaine et le général Bourbaki — affirme que l'impératrice et le roi de Prusse veulent conclure un armistice, et qu'il est besoin que la régente confère de la chose avec un officier-supérieur, qui ait sa confiance. Bazaine voit là une issue à la situation terrible où se trouve son armée, et défère aux désirs de l'impératrice, lesquels, pour lui, équivalent à un ordre. L'autorisation de quitter Metz, délivrée par le commandant en chef à son lieutenant, est bien explicite sur ce point :

« Sa Majesté, l'impératrice-régente, *ayant mandé auprès de sa personne* M. le général de division Bourbaki, commandant de la garde-impériale, cet officier-général est autorisé à s'y rendre.

» *(Signé)* BAZAINE ».

Et si la mission Bourbaki n'aboutit pas, la raison en est, selon nous, que le maréchal Bazaine informe le prince Frédéric-Charles qu'il ne pouvait « comprendre la place de Metz dans la convention à intervenir ». Son patriotisme ne pouvait pas encore consentir à ce sacrifice, le 29 septembre 1870.

Et le courageux soldat va encore tenter la fortune des armées, et il livre, le 7 octobre, le combat de Ladonchamps, qui suffit, à lui seul, à illustrer cette belle armée dont l'histoire vraie sera un jour écrite, nous en avons la certitude, car nous croyons à la *justice immanente des choses...* Et il reste le dernier sur le champ de bataille, dont on est obligé de l'arracher, ne voulant pas s'avouer qu'il demande l'impossible et qu'il faut céder à la force des choses...

La situation s'aggravant, un conseil de guerre est réuni, le 10 octobre, qui, à l'unanimité, décide d'envoyer le général Boyer auprès de M. de Bismarck. C'est dans cette entrevue que le chancelier dit au mandataire des chefs de l'armée du Rhin :

« Allez à Hastings, général, et *obtenez de l'impératrice* de remettre Metz, puisque le maréchal Bazaine n'en a pas les pouvoirs ».

Pour se refuser à comprendre Metz, dans la convention militaire à intervenir, Bazaine avait prétexté que, le gouverneur de cette ville ayant été nommé par l'Empereur, il appartenait à l'ex-impératrice-régente, seule, de donner l'autorisation de livrer la capitale de la Lorraine, comme gage, pendant les négociations.

Le 18 octobre, le général Boyer venait rendre compte, au conseil des chefs de l'armée du Rhin, de sa mission auprès de M. de Bismarck. Il a rapporté, comme suit, au procès de Trianon, les trois conditions que le ministre de Prusse aurait mises à l'obtention d'un armistice, en vue de la conclusion de la paix entre l'ex-impératrice-régente et les gouvernements allemands :

« Ces conditions étaient celles ci :

» L'armée ferait, en faveur du gouvernement de la Régente, une démonstration prouvant qu'elle lui était attachée et qu'elle lui resterait fidèle...

» La seconde condition était que cette démonstration de l'armée serait accompagnée ou suivie d'une proclamation de l'impératrice à la nation française, annonçant l'intention de faire la paix et appelant le pays à lui prêter aide dans ces circonstances.

» La troisième condition était l'apposition de la signature de l'impératrice, ou d'un de ses délégués, au bas d'un traité — non pas d'un traité — mais au moins d'une acceptation de préliminaires de paix, dont M. de Bismarck ne faisait pas connaître les bases ».

Lorsqu'on réfléchit à cette troisième condition, on se dit : ou M. de Bismarck n'a pas voulu sérieusement conclure la paix avec l'impératrice-régente, ou il avait une bien pauvre idée de ce que pouvait être le sentiment de l'honneur chez elle.

L'ex-impératrice Eugénie passera, dans l'Histoire, pour avoir été, au point de vue politique, une ambitieuse de pouvoir, qui a provoqué la guerre pour consolider la couronne sur la tête de son fils ; pour un esprit rétrograde, pour une Espagnole fanatique, qui rêvait de transformer la France en une Espagne, du temps de Philippe II... M. Alfred Darimon, ancien député de la Seine, a écrit, dans ses *Notes pour servir à l'histoire de la guerre de 1870* (Paul Ollendorf, éditeur) :

« A partir de 1865, il y eut aux Tuileries un parti de l'Impératrice... C'est le parti de l'Impératrice qui avait le plus poussé à la guerre avec la Prusse. C'est lui qui avait exigé que l'Empereur prît le commandement en chef de l'armée. Son projet, qu'il n'avait pas tardé à dévoiler, était, après avoir éloigné l'Empereur, de s'emparer de la Régence et de *profiter de la première victoire pour en finir avec la politique du 2 janvier* ».

Mais cette femme n'a donné le droit à personne de penser qu'elle eût une âme basse et vile et qu'elle fût capable de signer en blanc un instrument diplomatique, que le chancelier prussien aurait rempli à sa convenance.

M. de Bismarck aurait-il engagé des négociations pour la frime, pour gagner du temps, pour arriver, sans coup férir, à l'époque où la faim aurait eu raison de l'armée ennemie? Mais pour que cette hypothèse fût admissible, il faudrait que les hostilités eussent été interrompues pendant le mois qui s'écoule du 2? septembre au 24 octobre.

Or, rien n'est plus contraire à la réalité que cette allégation. Nous le démontrerons plus loin.

Notre conviction est que les Allemands ont très sérieusement voulu conclure la paix, après Sedan. Ils avaient échoué dans leurs pourparlers avec Jules Favre. Ils ont repris les négociations avec l'ex-régente. Le roi de Prusse, soit par esprit de solidarité vis-à-vis d'un autre souverain, soit par crainte que la République, une fois implantée en France, ne passât les Vosges — inclinait à traiter avec l'impératrice Eugénie. Il s'y prêtait si bien que M. Théophile Gautier fils s'entretenait, avec M. de Bismarck, de ces choses à Versailles, aux environs du 20 octobre 1870.

Qui donc avait mandé le fils du brillant écrivain auprès du grand Etat-Major allemand ? M. Th. Gautier nous le dit lui-même, au cours d'un joli et émouvant article qu'il a publié le 15 août 1903, dans *la Revue de Paris*, sous ce titre : « Une visite au comte de Bismarck ». — C'était M. Rouher, chef du cabinet politique de l'ex-régente.

Déduisons les conclusions de ce qui précède.

Le chancelier prussien ne pouvait pas supposer que la régente signerait en blanc les préliminaires de paix ; son souverain a voulu sérieusement arriver à un armistice en septembre-octobre 1870 ; que signifie alors cette troisième condition dont a parlé le général Boyer, au procès de Trianon ?

Elle n'a pas été posée par M. de Bismarck, voilà notre avis. Il est probable que, dans sa ferveur bonapartiste, le général Boyer l'a tirée de son imagination, afin de prêter à son ex-souveraine un beau geste de refus, qui n'a jamais existé.

Comme nous nous sommes fait une loi, dans ce travail, d'appuyer chacune de nos assertions sur une preuve — sauf, quand nos émettons une hypothèse, à la présenter comme telle, — nous allons demander à M. le général Boyer de supprimer lui-même le codicille qu'il avait ajouté, par dévotion dynastique. Nous reproduirons une partie du rapport *autographe* que cet officier-général remit, le 17 octobre, à son général en chef, — et que

Bazaine rend public, pour la première fois, dans son livre *Episodes*, paru en 1883, du vivant du général Boyer qui n'est mort qu'en 1888 (1) :

« Le 15 (octobre) le comte de Bismarck me fit part de la résolution qui avait été prise en conseil (du roi de Prusse)... Il fut convenu que, pour le moment, on laisserait de côté toute idée de capitulation et que le but à atteindre serait d'obtenir l'assurance que l'armée de Metz voulait rester fidèle à son serment et se faisait le champion de la dynastie impériale.

» Le maréchal produirait un acte public, par lequel il le ferait bien comprendre, afin que le pays sût qu'il pouvait compter sur son appui, s'il voulait se rallier autour de la Régence.

» De cette façon, l'armée prendrait un engagement qui la compromettrait vis-à-vis du parti républicain, et M. de Bismarck verrait l'effet produit en France par cette déclaration.

» A cela, se joindrait un manifeste de l'impératrice qui, sûre d'avoir un appui dans l'armée de Metz, ferait un appel à la nation, revendiquerait ses droits et demanderait de nouveau au peuple français de les consacrer par un vote.

» Alors seulement, on pourrait traiter avec chance de voir réussir un plan qui amènerait la paix générale et arrêterait l'effusion du sang ».

La première condition, la condition *sine qua non*, posée par M. de Bismarck, n'ayant pas été réalisée, tout fut rompu ; on ignore donc quelle aurait été l'attitude de l'ex-impératrice, si l'armée du Rhin, ayant fait un plébiscite militaire en faveur de l'Empire, on en était arrivé à la question des indemnités territoriales.

Quel a été le grain de sable qui a empêché la mise en mouvement de cette machine formidable : l'établissement d'un troisième Empire français, — à la construction de laquelle avaient collaboré une impératrice, un roi, un ministre d'Etat, des maréchaux, des généraux, sans parler de Régnier, ce petit bourgeois, qu'on désavoue,

---

(1) C'est, dans ce rapport confidentiel, que se trouve la phrase citée plus haut :

« Allez à Hastings, général, et obtenez de l'impératrice de remettre Metz, puisque le maréchal Bazaine n'en a pas les pouvoirs ».

en cas d'avarie, et qui fut peut-être le génial inventeur de la chose ?

Il se rencontra un simple capitaine, qui, d'emblée, perça à jour toute cette trame ténébreuse, et qui fit l'œuvre nécessaire de révolte, soulevant la ville et agitant les camps.

Il s'appelait Rossel.

Rossel, dans sa courte existence, a contribué à sauver deux fois la République : en octobre 1870, en barrant la route à la restauration impérialiste ; et en avril-mai 1871, en permettant, par ses talents militaires, à la Révolution parisienne de durer assez longtemps pour que M. Thiers prît, avec les délégués des grandes villes, des engagements tels qu'il fut contraint d'évoluer vers la gauche et de combattre la tentative de restauration royaliste.

Il est des cas, selon nous, où l'indiscipline est un devoir pour le soldat, comme l'insurrection l'est pour le citoyen (1).

Au surplus, la lettre écrite par le roi de Prusse à l'impératrice (rapportée à la page 780 du procès de Trianon) ne laisse aucun doute sur la seule raison qui mit fin aux négociations politiques. La voici : on verra qu'il n'y est nullement question du refus patriotique opposé par l'ex-souveraine à une demande de cession de territoire ou de signature en blanc :

« MADAME,

» Le comte de Bernstoff m'a télégraphié les paroles que vous avez bien voulu m'adresser. Je désire de tout mon cœur rendre la paix

---

(1) On lira avec curiosité cet extrait des *Episodes* de l'ex-maréchal. Après avoir parlé de l'agitation entretenue et propagée dans les camps par Rossel et un de ses camarades, Bazaine ajoute :

« Aucun commandant de corps d'armée, ni le commandant supérieur de Metz ne m'avisèrent de ces démonstrations contre la discipline, et je n'en fus averti que par le général Changarnier. Je fis venir les deux officiers, et, après les avoir réprimandés, les réponses et la tenue du capitaine Leroux ne me satisfaisant pas, je l'envoyai dans un fort. Il en fut autrement de son camarade, dont l'attitude et les réponses étant très franches, lui évitèrent une punition ; j'avais connu son père, capitaine adjudant-major au quatrième *léger*, lorsque j'y servais en 1839, et j'aurais été très disposé à lui être favorable ».

à nos deux nations ; mais, pour y arriver, il faudrait d'abord établir la probabilité au moins que nous réussirons à faire accepter à la France le résultat de nos transactions, sans continuer la guerre contre la totalité des forces françaises.

» A l'heure qu'il est, je regrette que l'incertitude où nous nous trouvons *par rapport aux dispositions politiques de l'armée de Metz*, autant que de la nation française, ne me permette pas de donner suite aux négociations proposées par Votre Majesté.

» Versailles, 25 octobre 1870.

(Signé) GUILLAUME »

C'est bien clair. L'ex-impératrice a proposé des négociations au roi de Prusse, tendant, à la fois, à restaurer l'Empire et à conclure la paix.

Le roi de Prusse a exigé, comme condition préliminaire, que l'armée de Metz reconnaisse l'impératrice comme souveraine.

Quelques officiers libéraux ont empêché cette armée de se prononcer dans ce sens.

Dès lors, les pourparlers furent rompus.

Quant à Régnier, veut-on que nous exprimions notre opinion sur son compte ?

Eh bien, c'était tout simplement un agent salarié de M. Rouher, cet ex-vice-empereur, qui dirigeait à Londres le cabinet politique de ses anciens maîtres.

L'affaire ayant manqué, l'agent a été désavoué, et ce n'est pas sa condamnation à mort *par contumace* (!!!), qui a dû troubler sa bonne humeur dans son cottage anglais. Nous le répétons : pourquoi le parquet militaire a-t-il rendu la liberté à cet individu, dont il se réservait, d'ailleurs, d'utiliser les dires, pour en accabler un maréchal de France ? (1)

---

(1) Nous étions arrivé à cette conclusion, lorsque nous avons lu dans *les Procès-verbaux de la Défense Nationale* qu'a publiés le *Matin*, le passage suivant, contenu dans le numéro du 20 septembre 1903 de ce journal :

« *Entrevue de Ferrières* (suite), 20 septembre 1870.

» A onze heures et demie du matin, M. de Bismarck commence par déclarer à M. Jules Favre, notre ministre des affaires étrangères, que **l'impératrice lui a envoyé** un émissaire, M. Régnier ».

Que deviennent, dès lors, les éloges officiels décernés à l'ex-impératrice par le Gouvernement de la Défense Nationale lui-même ? Qu'est-ce que tout

XI

La famine a vaincu

Quel est le parti politique français qui n'a pas essayé, en 1870 et en 1871, de faire prévaloir ses idées, *malgré la présence de l'ennemi?*

Nous venons de voir les bonapartistes à l'œuvre.

Le Quatre-Septembre, que fut-il autre chose qu'une émeute devant l'ennemi?

Le Trente-Un octobre, autre chose que l'insurrection, en plein siège de Paris, du Peuple, désabusé, contre le pouvoir issu de cette émeute?

L'affreuse répression de la Commune, qui n'avait qu'un but : détruire les éléments républicains qui fermentaient dans le sein de la grande ville révolutionnaire, — n'a-t-elle pas eu lieu, sous l'œil narquois des Prussiens, j'allais dire, avec leur complicité?

cela signifie ? Serait-il vrai que Bazaine a été la victime des bonapartistes eux-mêmes?... Ce serait plus fort que tout.

Ce mot de Jules Favre: « M. de Bismarck commence par déclarer que l'impératrice lui a envoyé un émissaire, M. Régnier » me décide à citer le fragment suivant d'une lettre inédite de l'ex-maréchal Bazaine, datée de Madrid, le 26 novembre 1887.

Après avoir parlé de son procès et l'avoir qualifié, en vertu du droit qu'ont les condamnés de maudire leurs juges, dans des termes que nous ne voulons pas reproduire, Bazaine écrit que ce procès fut une arme « avec laquelle les partis ont voulu atteindre l'Empire ». Et il ajoute avec mélancolie :

« *Malheureusement, les partisans de ce dernier m'ont lâché, selon la mode actuelle, en fait de principes* ».

Nous laissons de côté « les partisans » de l'Empire, qui peut-être ignorent, sur ce point, le fond des choses, et nous nous permettons de dire à l'ex-impératrice Eugénie :

« Madame, vous êtes au bord de la tombe; dites la *vérité* vraie sur votre rôle politique et vos négociations avec M. de Bismarck, en septembre-octobre 1870. Vous vous êtes tue jusqu'à ce jour; pensez que, tôt ou tard, *tout* se saura: et si le maréchal Bazaine a, par un loyalisme dévotieux, revendiqué et assumé la responsabilité de vos propres actes, proclamez-le devant le monde. Votre mémoire en sera honorée ».

Que chaque parti fasse donc son *mea culpa*, avant de jeter la pierre aux chefs de l'armée du Rhin, qui voulaient rétablir le régime impérial !

Quant à nous, voulant être conséquent avec nous-même, nous demandons un plus ample informé, avant de mettre en cause, à ce sujet, le patriotisme du maréchal Bazaine, car l'idée ne nous est jamais venue de faire un crime aux hommes du Quatre-Septembre d'avoir balayé l'Empire, et nous tenons pour patriotes des révoltés comme le colonel Rossel, Benoît Malon ou cet admirable Blanqui, ce vieillard si digne de vénération, qui a écrit cette phrase, douce comme la plainte d'une jeune fille au chevet de sa mère mourante :

« Que serons-nous demain, si nous n'avons plus de Patrie ? »

Ceci dit, revenons. Une opinion, fort répandue, c'est que M. de Bismarck était parvenu, par ses manœuvres habiles, à immobiliser l'armée du Rhin, du 24 septembre au 24 octobre, période durant laquelle se continuèrent, sauf un arrêt de dix jours, les négociations diplomatiques ci-dessus rappelées. Il n'en est rien : l'activité militaire persista durant ce laps de temps, normale et régulière. Cela résulte nettement des pièces du procès, qui confirment ce passage que nous trouvons dans le livre : *Episodes* :

« Cette période diplomatique n'a jamais influencé la question militaire, et les ordres les plus précis ont été répétés au Rapport pour que les compagnies de partisans, ainsi que les grand'gardes, continuent les hostilités *contre l'ennemi, avec lequel il n'y a jamais eu d'armistice.* » (p. 228).

Le maréchal Canrobert a déclaré (compte-rendu, p. 541) :

« Le 27 (1), il y eut une très grande opération militaire, combinée

---

(1) Il s'agit du 27 septembre, trois jours après le départ de Régnier, pendant le voyage de Bourbaki à Londres. On est au plus fort des premières négociations.

(Note de l'auteur).

entre le 2ᵐᵉ, le 3ᵐᵉ et le 6ᵉ corps. Pour mon compte, je fus chargé de me porter en avant sur la rive gauche de la Moselle et d'occuper depuis les Maxes jusqu'en avant de Sainte-Agathe, du côté de Bellevue. Nous enlevâmes les avant-postes prussiens ; nous rejetâmes en arrière leurs postes d'appui, qui ne laissèrent pas de résister très énergiquement, et nous fîmes encore là un fourrage assez utile, bien qu'il ne nous procurât pas tout ce que nous pouvions désirer ; après nous être emparés de tout ce que nous pûmes découvrir, nous revînmes, poursuivis par les boulets et les obus de l'ennemi, mais sans être autrement inquiétés. De mon côté, ce n'était pas excessivement grave ; mais, en même temps, une autre affaire s'était engagée du côté du général Frossard et du maréchal Le Bœuf. je veux parler du combat qu'on appelle le combat de Peltre, *qui fut très sérieux* et qui réussit parfaitement.

» Lorsque nous rentrâmes dans nos lignes, l'ennemi, furieux d'avoir été surpris, et bien plus d'avoir été battu de tous les côtés, s'en prit aux malheureux paysans et à leurs pauvres baraques ; il mit le feu à Peltre, incendia les Maxes, et, pendant toute une nuit, nous eûmes le spectacle de cet incendie ».

Nous pourrions citer, dans cet ordre d'idées, les dépositions des autres commandants de corps.

Le 7 octobre, eut lieu le combat de Ladonchamps, que nous avons déjà mentionné. Une grave question a été posée. Le maréchal Bazaine ne pouvait-il pas — et, par suite, ne devait-il pas – poursuivre ses avantages et briser la ligne d'investissement, rompre le cercle de fer dans lequel agonisait sa vaillante armée? Dans son interrogatoire, il a répondu à cette question, en formulant le principe suivant :

« Toute armée, quel que soit son effectif, réfugiée dans un camp retranché, d'où elle ne peut sortir qu'en livrant des combats offensifs sur un front restreint, ses colonnes battues d'écharpe par des feux de position, ne peut réussir à percer les lignes d'investissement, si une diversion n'est pas faite en sa faveur, par une armée de secours, qui, sans arriver jusqu'à elle, force l'ennemi à reployer ses ailes pour lui faire face ».

M. J. Truchy, capitaine d'état-major de l'armée du Rhin,

a commenté cette théorie, dans la brochure à laquelle nous avons déjà fait un emprunt :

« Il est un principe rigoureux, écrit-il, absolu dans l'art militaire, un axiome indiscutable , surtout depuis l'invention des nouvelles armes, que malheureusement le public, en France, et même bien des officiers s'obstinent à nier, se refusent à comprendre, malgré les exemples récents qui viennent d'en donner de si éclatantes preuves : c'est que toute armée renfermée dans une place de guerre par un ennemi égal ou supérieur en nombre, est nécessairement perdue ; quelle que soit sa force, elle doit nécessairement capituler, le jour où ses vivres seront épuisés, à moins d'une diversion venue de l'extérieur.

» En vain, objectera-t-on que, placée au centre d'une vaste circonférence, elle pourra toujours se porter, en masses considérables et plus rapidement que l'assiégeant, sur un point quelconque du périmètre, et, partant, rompre aisément le cercle qui l'enserre : théoriquement, la chose est vraie ; elle est fausse, dans l'application.

» Quelle fut la tactique constante des Prussiens dans cette guerre, et la seule rationnelle contre les nouveaux moyens de destruction qu'a su inventer le génie humain ? C'était d'isoler l'assiégé de toute communication avec l'extérieur pour l'empêcher de se ravitailler, et d'élever, presque toujours hors de la portée du canon de la place, une série de retranchements, abritant des batteries mobiles qui devaient écraser de leurs feux toutes les colonnes essayant de se faire jour. Couverts par leurs terrassements, ils attendaient toutes les sorties, se donnant ainsi l'immense avantage de la défensive.

» Une surveillance rigoureuse les informait du moindre mouvement de l'assiégé, et, à plus forte raison, d'une concentration générale des troupes, en vue d'une attaque décisive sur la ligne d'investissement. Mis en éveil au premier signal, il leur était toujours facile d'accumuler sur les points menacés, *et bien avant qu'ils fussent atteints par l'assiégé*, une quantité considérable d'artillerie pour résister aux premiers assauts. Une simple figure géométrique démontre clairement la vérité de ce raisonnement. Abrités, comme dans une place forte, derrière des ouvrages souvent formidables, ils pouvaient aisément tenir tête à l'orage, jusqu'à ce que toute l'armée d'investissement fût arrivée à leur secours, si besoin était.

» Les lignes, autour d'une place de guerre ou d'un camp retranché, sont aujourd'hui trop éloignées, pour qu'il soit possible de surprendre un point quelconque avec succès par ces petites sorties, vives et imprévues, telles que les prescrivait l'ancienne instruction sur la défense des places. Avec des distances de quatre à cinq kilomètres qui séparent les deux adversaires, toute opération sérieuse doit d'abord débuter par un combat d'artillerie, dans lequel l'assiégeant conserve tout l'avantage. *Les pièces, protégées par des épaulements et donnant des feux croisés ou convergents sur un espace tout à fait restreint, bien découvert et occupé par des colonnes profondes, produiront des effets terribles.*

Ceux de l'assiégé, au contraire, lancés sur des retranchements sans profondeur, derrière lesquels s'abrite l'ennemi, ne donneront que des résultats sans importance.

» C'est donc une action générale, en rase campagne, contre un ennemi soigneusement caché, qu'il faudra toujours entreprendre, si l'on veut se dégager. Elles sont aujourd'hui presque impossibles, *avec le fusil à tir rapide, les mitrailleuses et les masses d'artillerie* dont on peut disposer.

» Malheur à qui attaque, dans de telles conditions! Les plus mauvais soldats, mal commandés, mais cachés par des ouvrages, même construits à la hâte, luttent avec avantage contre les plus solides troupes ».

Ecoutons maintenant ce que dit un homme, qui ne s'occupe pas du maréchal Bazaine, un ancien professeur à Saint-Cyr, à l'Ecole de Guerre, aux Ecoles des Mines et des Ponts-et-Chaussées, M. le lieutenant-colonel du génie Hennebert, dans son ouvrage : *Fortification* (pp. 173 et s.) :

« Si l'armée s'est laissée emprisonner sous la ceinture des forts qui protègent le noyau central (ou camp retranché), c'est qu'elle s'est fait couper de sa base d'opérations. Une fois investie, elle est nécessairement tenue de prendre pour base nouvelle la place à laquelle elle a demandé asile. Elle ne saurait plus s'en détacher ; elle y est désormais rivée, pour ainsi dire. Les idées de trouées, de percées, de sorties torrentielles, sont des rêves qui peuvent affoler les meilleurs esprits à l'heure du désespoir, mais dont les moyens de réalisation ne supportent pas l'examen..... Une fois entrée dans l'espace annulaire qui se développe entre le noyau central et la ceinture des forts, elle n'en sortira plus !... Professer une autre doctrine, c'est professer une erreur...

« L'armée bloquée, dans un prétendu camp retranché, se trouve donc réduite à l'obligation d'y *attendre l'arrivée d'une armée de secours*, et, en attendant, de faire acte d'assez d'énergie pour empêcher l'ennemi de prélever, sur ses troupes de blocus, des effectifs suffisants, à l'effet d'inquiéter la marche des secours espérés. »

*
* *

L'armée de secours s'étant fait cerner à Sedan et s'étant rendue prisonnière, après une belle défense, le moment devait fatalement arriver où la famine aurait raison de l'armée de Lorraine, jusqu'alors invaincue.

Le maréchal Bazaine a-t-il informé le gouvernement de la Défense nationale de sa situation, précaire d'abord, désespérée ensuite ? — Oui, et il l'a prouvé.

Le 15, puis le 25 septembre, Bazaine adressait la dépêche suivante, en triple expédition, au Ministère de la Guerre à Paris. (Il n'a su que le 17 octobre, par le général Boyer, à qui M. de Bismarck l'avait appris, qu'il y avait à Tours, depuis un mois, une délégation du gouvernement de la Défense nationale) :

« Il est urgent pour l'armée de savoir ce qui se passe à Paris et en France. *Nous n'avons aucune communication avec l'extérieur*, et les bruits les plus étranges sont répandus par des prisonniers que nous a rendus l'ennemi, qui en propage également de nature alarmante.

« Il est donc important pour moi de recevoir des instructions et des nouvelles.

« *Nous sommes entourés de forces considérables*, que nous avons vainement essayé de percer, après deux combats infructueux, le 31 août et le 1er septembre. »

Les débats publics ont établi que ces deux dépêches étaient parvenues à leur adresse. (1)

---

(1) Madame Antermé avait remis l'une de ces deux expéditions à M. Tachard, ministre de France à Bruxelles. Cette bonne patriote, confir-

Un mois s'écoule et, chose surprenante, le maréchal Bazaine continue à ne recevoir aucune communication, soit officielle, soit officieuse, du gouvernement de la Défense nationale.

M. le général Le Flô, ministre de la guerre après le 4 septembre, dans sa déposition à Trianon, a dit :

« J'ai envoyé cinq ou six émissaires (à Metz). Je n'ai aucune preuve absolue qu'aucune de ces dépêches soit parvenue entre les mains de M. le Maréchal. »

(Compte-rendu, p. 575)

Le 21 octobre, sentant que l'échéance fatale s'approche, Bazaine, désespéré, envoie à Tours, — il sait maintenant, par le général Boyer, qu'il y a, dans cette ville, une délégation du gouvernement, — la dépêche suivante, dont nous trouvons le texte dans l'interrogatoire du maréchal. (Compte-rendu, p. 188) :

« Ban Saint-Martin, 21 octobre 1870.

» A plusieurs reprises, j'ai envoyé des hommes de bonne volonté pour donner à Paris des nouvelles de l'armée de Metz.

» Depuis, **situation n'a fait qu'empirer**, et je n'ai jamais reçu la moindre communication, ni de Paris ni de Tours.

» Il serait cependant très-urgent de savoir ce qui se passe dans la Capitale et dans l'intérieur du pays, car, sous peu, la famine me forcera de prendre un parti, dans l'intérêt de la France et de cette armée. »

Gambetta reçut cette dépêche, quatre jours après, le 25 octobre. Cette pièce était chiffrée, naturellement. On ne lance pas *en clair* de pareilles nouvelles, qui peuvent tomber entre les mains de l'ennemi. Le ministre réclame le livre de chiffres. On lui répond que son prédécesseur

mant sa déposition au procès de Trianon, écrivit à Bazaine cette lettre, que l'ex-maréchal publie dans : *Episodes*, p. 194 :

« Ayant été à votre service, ainsi que mon mari, pour porter les dépêches que vous m'avez confiées, ne sachant ce qu'est devenu mon mari, je me suis échappée de Metz et me suis empressée de venir remettre ma dépêche à M. le Ministre de France à Bruxelles, qui l'a immédiatement transmise par le télégraphe en France. »

l'avait oublié à Paris !... MM. les généraux Trochu et Le Flô n'avaient pas songé, le 18 septembre, à rechercher le chiffre avec lequel le Ministère de la Guerre correspondait avec le maréchal Bazaine et à le remettre à l'amiral Fourichon, qui se rendait à Tours... Gambetta transmet cette dépêche à Paris qui, comme on sait, était assiégé ; au bout de deux mois, la traduction du télégramme parvint au délégué à la guerre. On était au 21 décembre ! L'armée de Metz avait capitulé depuis le 28 octobre !... Gambetta et M. de Freycinet, — qui devaient accomplir une si grande œuvre, faire sortir de terre de nombreux bataillons, découvrir et mettre à leur place des chefs comme Chanzy et Faidherbe — ont pris trop tard la direction de nos affaires militaires. Investis, un mois plus tôt, de la conduite générale des opérations, ces messieurs eussent, nous en sommes convaincu, réalisé le possible et l'impossible, pour *secourir* l'armée du maréchal Bazaine.

*
* *

L'accusation a dit à Bazaine : il est vrai que la ville de Metz et votre armée ont tenu *soixante-dix jours*, et que vous n'aviez plus de pain, lorsque vous avez capitulé ; — mais vous auriez tenu davantage, si vous aviez fait le nécessaire, avant l'investissement.

Qu'a répondu, à cela, le Maréchal ?

Rappelons que, le 7 août, l'Empereur nomma le général Coffinières *commandant supérieur* ou *gouverneur* de Metz, en même temps que, par décret, il mettait la place en état de siège ; et que ce général a conservé ces fonctions jusqu'à la reddition de la ville. Ceci dit, reproduisons le passage suivant de l'interrogatoire (compte rendu, p. 182) :

« *M. le Maréchal.* — Je ne m'en suis occupé (de la place de Metz), ni le 13, ni le 14, ni le 15, ni le 16, ni le 17, ni le 18. Nous étions en marche, pour nous éloigner de Metz. Les ordres (de pourvoir à la défense de la ville) avaient été laissés par le major-général ; j'en ai retrouvé la trace un peu partout...

» *M. le Président.* — Avez-vous donné à la Place une garnison suffisante, en lui assurant le concours de la garde nationale ?

» *M. le Maréchal.* — Oui, la garde nationale a été organisée, presque sur mon initiative, par une lettre que j'ai écrite au préfet, bien avant cela, dans le courant du mois de juillet...

» *M. le Président.* — Avez-vous donné des ordres pour compléter la mise en état de l'armement et des fortifications de la place ?

» *M. le Maréchal.* — Oui. Il y a une lettre du général Coffinières et une autre du général Soleille, en date du 23, qui ordonnent de pousser l'armement des forts, *conformément à mes ordres* ..

» *M. le Président.* — Avez-vous veillé à ce qu'on constituât l'approvisionnement de siège, à ce qu'il fût formé un comité de surveillance, conformément à l'article 260 du règlement ?

» *M. le Maréchal.* — L'ordre en avait été donné... Il y a au dossier des lettres du ministre de la guerre, de l'intendant de la 5me division militaire, *qui prouvent* que l'ordre en avait été donné ; *il n'a pas été exécuté* ».

Donc, Bazaine déclare que, jusqu'au 18 août, il comptait s'éloigner de Metz, et que le soin de préparer la défense de la ville incombait au gouverneur ; que, néanmoins, pendant son commandement en chef provisoire, jusqu'à la venue de l'Empereur, qui eut lieu le 28 juillet, il a donné des instructions en prévision d'un siège ; que, du 28 juillet au 16 août, c'est le quartier-général impérial qui a transmis des instructions à M. le général Coffinières ; qu'après le 18 août, il a prescrit à ce gouverneur des mesures, que celui-ci a, d'ailleurs, négligé de prendre. Les ordres ont été donnés — les documents officiels en font foi ; — ils n'ont pas été exécutés. C'est toujours *la désobéissance* qui se poursuit, comme un *leitmotiv*, à travers ce drame ; et c'est Bazaine, qui sera châtié pour les fautes de ses lieutenants, comme autrefois les menins étaient punis, pour expier les sottises des jeunes dauphins !

Dans son ouvrage, *L'Armée du Rhin*, le maréchal Bazaine écrit :

« Dans la situation qui nous était faite par l'investissement, le 19 août, la question des vivres était l'objet de mes préoccupations. Au début de la campagne, les fournisseurs s'étant déclarés hors d'état de remplir les clauses de leurs soumissions, il avait fallu, pour faire vivre l'armée, prendre les ressources du pays, notamment en bestiaux, ce qui avait tout de suite appauvri les campagnes environnantes. M. l'intendant en chef de l'armée, l'intendant général Wolff, dut quitter Metz, vers le 11 ou le 12 août, pour s'occuper d'accélérer l'exécution des nouveaux marchés qui avaient été conclus. Le 17 août, j'envoyai M. l'intendant de Préval pour presser les arrivages. Ni l'un ni l'autre de ces deux chefs de service ne purent revenir, et la rapidité des événements rendit nul, pour l'armée du Rhin, l'effet de leurs efforts.

» Les approvisionnements de blé étaient plus considérables que ceux de viande ; nous en avions environ pour cinq semaines. C'était peu ; aussi dus-je réduire la ration de pain successivement à 500 grammes vers le 15 septembre, à 300 grammes le 8 octobre, enfin à 250 grammes le 10 octobre. Ce fut alors du pain fait avec de la boulange, résultat de la première mouture, et ce produit contenait une quantité très considérable de son. A partir du 18 octobre, il n'y eut plus de distribution régulière de pain (1).

» Le biscuit manquait… Dès le 20 septembre, je dus réduire la ration de sel à la quantité illusoire de deux grammes et demi, par homme et par jour. Une source d'eau salée, sortant des pentes du fort Bellecroix, fut d'abord exploitée pour en extraire le sel ; mais cette opération nécessitait une quantité de combustible trop considérable, et, de plus, le résultat n'était pas satisfaisant : il fallut y renoncer…

» Quant à la viande, dès le 7 septembre, on dut distribuer du cheval, et, à partir du 18, la consommation se monte à *250* de ces animaux par jour, la ville y prenant part pour 50. En diminuant la ration de pain, je fis augmenter celle de viande jusqu'à 600 et 750 grammes ; mais cette substitution ne rétablissait pas l'équilibre. La viande de cheval, surtout lorsqu'on n'y peut ajouter ni

---

(1) Ce dire du maréchal est confirmé par deux rapports du général Coffinière et une note de l'intendant général de l'armée.

légumes frais, ni assez de sel, est insipide et fatigue l'estomac. On essaya de faire des conserves de cheval, qui ne réussirent pas.

» La nourriture des chevaux fut insuffisante, dès la fin d'août, époque à laquelle on ne peut guère déjà distribuer que de l'avoine. Au commencement d'octobre, cette denrée fit défaut. Prairies, feuilles, écorces, sarments de vigne, tourteaux, betteraves, petit blé (1), tout fut employé pour faire vivre nos chevaux ; ces expédients s'épuisèrent bien vite. La pluie, tombant presque sans interruption, depuis le 8 ou le 9 octobre, sur des animaux exténués, ajouta ses effets morbides à ceux de la faim ; la mortalité augmenta dans une proportion très considérable, et, à la fin du blocus, le cheval même allait nous manquer.

» L'état sanitaire était compromis. Le typhus, la variole, la dysenterie, le scorbut, se déclarèrent faiblement, il est vrai, mais la fièvre d'hôpital emporta un assez grand nombre de blessés. .

» Je saisis cette occasion de rendre hommage à l'admirable dévouement des habitants de Metz pour nos blessés. Les dames de la ville rivalisèrent de zèle entre elles dans les ambulances, se prêtant aux soins les plus répugnants et se succédant sans relâche au chevet des malades ».

C'est — rappelons-le, ce n'est pas superflu, car la principale accusation croule ainsi par la base — c'est avec une armée, ainsi anémiée et souffreteuse, que fut exécuté ce beau coup de main de Ladonchamps. Laissons le maréchal Bazaine lui-même le raconter. Il a qualité pour cela, attendu qu'il est resté *le dernier* sur le champ de bataille (nous pourrions donner là-dessus des précisions, *non connues*, que nous jugeons inutiles ; le fait de la bravoure du commandant en chef, le 7 octobre, ayant été proclamé par le maréchal Canrobert lui-même, qui s'y connaissait) :

« Le 7 octobre, d'après l'indication de plusieurs habitants de Metz, soutenant qu'il y avait, dans les fermes des Grandes et Petites-Tapes, à Saint-Remy, à Bellevue, des approvisionnements considérables de céréales et de fourrage, j'ordonnai l'attaque de ces divers points. Je mis la

(1) Le petit blé est la balayure de l'aire, qui contient encore quelques grains échappés au crible. (Note de Bazaine).

division des voltigeurs de la garde à la disposition de
M. le maréchal Canrobert, qui fut chargé de diriger l'opération. Les 3ᵉ et 4ᵉ corps devaient prêter leur concours en
étendant leur action diversive, le 3ᵉ co ps jusqu'à Malroy,
sur la rive droite ; le 4ᵉ, jusqu'au Vermont, sur la gauche du
6ᵉ corps. Le mouvement, conduit avec énergie et intelligence, nous rendit maîtres de Bellevue et des Tapes, dans
lesquels on trouva fort peu de ressources... Ce combat
nous coûta 1.257 hommes, parmi lesquels trois généraux,
les généraux de Chanaleille, Garnier, blessés, et Gibon,
mort des suites de ses blessures, et 61 officiers. *Nous
fîmes 800 prisonniers* ».

Que reste-t-il de la thèse du commissaire du gouvernement, à savoir que Bazaine est resté inactif, alors que ses
troupes pouvaient encore tenir la campagne ?... Je le
répète : lorsque la légende aura fait place à l'Histoire, on
citera la conduite de l'armée de Lorraine, du 14 août au 7
octobre 1870, comme constituant une des plus belles pages
de notre passé militaire ; et pense-t-on que la postérité
séparera, dans son admiration, le chef des soldats, qu'il
commandait, en leur donnant l'exemple de la témérité au
feu ?

Mais la famine continuait ses ravages ; il fallait aviser.

L'état dans lequel se trouvait notre cavalerie, dans les
premiers jours d'octobre, est bien celui qu'indiquait plus
haut Bazaine. Voici ce qu'écrit, dans ses *Souvenirs militaires*, le général Montaudon (p. 179) :

« En me rendant à la réunion (d'officiers-généraux, tenue le 9
octobre), j'ai dû traverser plusieurs camps de différentes armes, et
j'ai eu sous les yeux le triste spectacle de chevaux décharnés, dont
on compte les côtes. Ces malheureux animaux n'ont que la peau
sur les os ; ils ne tiennent pas debout et tombent d'inanition, avant
d'être envoyés à l'abattoir, comme viande de boucherie ; il y en a
qui rongent les roues des voitures : c'est un spectacle navrant ».

C'est avec une pareille cavalerie, que nous avons fait
aux Prussiens 800 prisonniers !

Quand il n'y eut plus de chevaux, qui aurait éclairé
l'armée, comment eut-on traîné l'artillerie ? — Les fan-

tassins, dira-t-on. Est-ce qu'en 1792, les volontaires ne traînaient pas eux-mêmes l'artillerie? Ils n'avaient pourtant pas de souliers! — Sans doute, mais ils avaient du pain ; leurs pauvres corps n'étaient pas rongés par l'anémie et les fièvres, et ils ne déterraient pas les chevaux enfouis, pour se disputer les morceaux de ces charognes, qui les empoisonnaient, comme le faisaient nos malheureux soldats, sous les murs de Metz.

Il fallait tenir plus longtemps, poursuit implacablement l'accusation ; il fallait attendre que l'armée de secours fût formée en France. — Quelle armée de secours, je vous prie?

Ecoutez ce que répondit Gambetta au frère du maréchal :

« — Cette armée était une armée isolée et qu'on n'a pas secourue, — dit M. Dominique Bazaine à l'ancien délégué à la guerre ».

« — *Je ne l'ai pas pu*, fut toute la réponse de Gambetta ». (Procès de Trianon, p. 597).

Voilà la vérité (1).

✱✱

Mais je m'aperçois que je n'ai cité que l'opinion du maréchal Bazaine ; j'oubliais qu'un accusé — par le fait seul qu'il est accusé — ne peut, aux yeux des juges,

___

(1) M. Dominique Bazaine, frère du maréchal, était ingénieur en chef des ponts-et-chaussées et officier de la Légion d'honneur. Il a toujours cru à l'innocence du condamné de Trianon ; pendant la dernière partie de l'existence de celui-ci, il l'a soutenu de ses ressources et l'a aidé dans la noire misère où il végétait. Il écrivait, le 15 décembre 1887, à M. le comte d'Hérisson, qui reproduit sa lettre dans *La Légende de Metz :*

« Vous m'avez fait l'honneur de m'adresser diverses questions, au sujet du maréchal Bazaine, mon frère. Il me serait facile de vous répondre : voilà plus de soixante-dix ans que je suis témoin conscient de sa vie. Je l'encourageai, quand il se fit soldat en 1831. J'ai suivi tous ses pas dans sa belle carrière militaire, où, au bout de trente-trois ans de services éclatants, il atteignait le grade de maréchal de France. Depuis plus de soixante-dix ans, nos âmes ne se sont jamais quittées. Le maréchal a fait appel à l'Histoire du jugement du conseil de guerre de Trianon. Il n'en pouvait faire d'autre, dans les circonstances exceptionnelles où ce jugement a été rendu... »

C'est avec un respect profond que nous nous inclinons devant une si noble mémoire.

apporter qu'un témoignage intéressé. Nos lecteurs pourraient ne pas s'en contenter, et nous voudrions arriver à leur faire partager le doute terrible qui nous possède, — doute qui nous a mis la plume à la main.

Interrogeons donc les lieutenants du commandant en chef qui ont assumé avec lui, devant l'Histoire, la responsabilité de la capitulation, et qui, en agissant ainsi, ont obéi à la voix de leur conscience et à la voix de l'humanité.

Le 5 octobre, deux jours avant Ladonchamps, M. le général Coffinières, commandant supérieur de Metz, écrit à Bazaine :

« Je me suis occupé, en rentrant à Metz, de l'installation des malades venant des corps, et même de ceux qui pourraient survenir. Ce problème est bien difficile, car toutes nos casernes et nos établissements sont combles. J'aurai l'honneur de vous écrire demain matin pour vous faire connaître nos ressources. Je crains qu'elles ne soient insuffisantes. Les petits dépôts sont prévenus de recevoir les malingres des différents corps. Ces malingres seront bientôt des malades et nous n'avons plus de médecins (1), ni médicaments, ni ustensiles d'aucune sorte.

» Dieu veuille que les 150 000 habitants et garnison, ainsi que votre armée, ne soient pas victimes de la détermination que vous allez prendre. »

Malgré cette note décourageante, Bazaine livra le combat du 7 octobre (c'est à cette *détermination* que fait allusion Coffinières).

Le gouverneur de Metz écrivait, de nouveau, à Bazaine, le 7 octobre :

« Je dois informer Votre Excellence de la situation des ressources en vivres de la ville de Metz et des magasins de la place. Les autorités civiles me déclarent qu'elles n'ont du blé que pour *dix* jours. Les magasins de la place ne renferment plus, depuis ce matin, que 832.479 rations de pain ; or, le nombre des rationnaires étant de 160.000 hommes, nous n'avons plus de pain que pour *cinq* jours.

---

(1) Il avait dû faire faire le service des hôpitaux par une notable partie des médecins des corps.
(Note de Bazaine. *L'Armée du Rhin*, p. 138.)

« Si Votre Excellence jugeait à propos de réduire la ration de pain à 300 grammes, nous pourrions vivre encore huit jours, en portant d'ailleurs la ration de viande à 1.000 grammes. Je suis forcé, à mon grand regret, de mettre en consommation la réserve des forts.

« Il faut ajouter que la ville consomme environ 350 quintaux par jour. La fusion de ses ressources avec les nôtres pourrait, tout au plus, faire gagner **un** jour. »

Signé : COFFINIÈRES.

Il y avait lieu d'être préoccupé. quand, comme MM. Bazaine et Coffinières, on était responsable de 250.000 vies humaines. Le commandant en chef demanda à chacun de ses lieutenants une **note écrite** sur la situation. Nous reproduirons l'opinion de M. le maréchal Canrobert (1) :

« En ce qui me concerne, écrit-il, le 8 octobre,.... je pense qu'il n'est pas possible de renouveler les tentatives infructueuses qui ont été faites, pour percer les lignes ennemies et gagner un point de la France, dans des conditions qui permettent de rendre des services utiles au pays. Cette opinion est basée sur les considérations suivantes :

1° L'armée ennemie, *dont la force numérique est double de la nôtre*, occupe des positions successives, dont elle a considérablement augmenté la force naturelle par des retranchements et l'établissement de nombreuses batteries de position, que *le chiffre de ses bouches à feu, beaucoup plus élevé que le nôtre*, lui permet de garnir, tout en conservant les batteries mobiles nécessaires ;

2° L'épuisement, chaque jour plus complet de nos chevaux de selle et de trait, *qui n'ont plus de ration*, ne permet plus de pouvoir compter sur un effet utile de la cavalerie, *ni sur la possibilité de faire suivre une artillerie même fort restreinte ;*

3° En admettant cependant qu'on parvienne à percer les lignes, les ressources en munitions et en vivres feraient complètement défaut, après deux ou trois marches ou combats ; de plus, et avec les chances les plus favorables, on ne peut estimer à moins de la *moitié de notre effectif,* les pertes qu'entraînerait une trouée, en

---

(1) Ce document, paru d'abord dans *l'Armée du Rhin,* a été reproduit dans les débats publics du procès de Trianon.

hommes pris ou hors de combat. Si l'on songe alors à ce que serait la situation morale et matérielle du reste de l'armée, on est en droit de se demander si elle serait en état de soutenir une poursuite obstinée ou si elle n'entrerait pas promptement dans un état de désorganisation, qui serait un triste spectacle, sinon même un danger, pour le pays, et porterait une atteinte grave à l'honneur du drapeau ;

4° Enfin, notre éloignement de Metz, où, depuis plus d'un mois, nous retenons une armée de 200.000 hommes, rendrait cette armée disponible *et lui permettrait immédiatement de porter un secours considérable, et peut-être décisif, à l'armée qui assiège Paris.* »

« Ces considérations étant posées et, par suite, l'impossibilité de tenir la campagne reconnue, il est raisonnable et nécessaire, *étant donné l'épuisement absolu des vivres,* de tenter auprès de l'ennemi une démarche, ayant pour but d'amener une convention honorable. »

Nous sommes obligé, pour la tâche douloureuse, mais utile, croyons-nous, que nous nous sommes imposée, de faire suivre la reproduction de cette *note écrite et signée* par le maréchal Canrobert, le 8 octobre — de la faire suivre des réflexions dont l'accompagne l'ex-maréchal Bazaine, dans son ouvrage : *Episodes de la guerre de 1870,* page 206 :

« Il est triste de penser que, trois ans après, les considérants, exposés dans ces Rapports confidentiels, aient été modifiés, soit dans le Conseil d'Enquête, soit au Conseil de guerre. Le gouvernement issu de la révolte étant affermi. les anciennes appréciations se modifièrent, afin d'être dans le ton du jour. On m'a reproché d'avoir consulté trop souvent mes généraux ; mais c'est ce qui avait été fait dès le début de la campagne par l'Empereur lui-même. Ma situation était assez grave pour m'éclairer des conseils des commandants de corps d'armée, *non pas pour leur faire partager la responsabilité qui m'incombait tout entière,* mais pour ne rien négliger qui pût être utile à l'armée.

« J'espérais plus de franchise de la part de ceux que je consultais, plus d'énergie dans leurs propositions, et surtout plus de sympathie vis-à-vis de leur chef malheureux, lorsqu'a sonné l'heure de la vengeance politique contre l'Empire. »

Le lecteur comprend que nous devions citer ces lignes, et il nous permettra d'ajouter que si le courage militaire est une chose digne d'admiration, il y a quelque chose qui le dépasse en hauteur morale : c'est le courage de l'ami, qui n'abandonne pas son ami dans le malheur.

Un officier, comme M de Mornay-Soult, qui a eu, au procès de Trianon, l'attitude si noble qu'on n'a pas pu ne pas remarquer, pèsera, croyons-nous, davantage, dans l'estime de la postérité, que ces grands chefs, à la conduite desquels il vient d'être fait allusion ; et, pour dire là-dessus toute notre pensée, si l'étude de l'Histoire ne rend pas pessimiste et fait, au contraire, aimer l'Humanité, c'est parce qu'au milieu des défaillances de certains caractères, se rencontrent quelques êtres de choix, qui montrent combien l'homme peut être grand.

*
* *

Voilà — pour revenir à notre sujet — quelle était la situation vraie au 8 octobre. C'est avec une aggravation de souffrances qu'on a tenu **encore vingt jours** !
. La place et l'armée ne se sont rendues que le 28 octobre, et nous estimons que le mot du général Changarnier, à la conférence du 26 octobre 1870, sera retenu par les écrivains de l'avenir :

« Les soldats de l'armée du Rhin sont *plus malheureux que ceux de Gênes* ». (1)

*
* *

(1) Nos lecteurs savent qu'en 1800, Masséna tint à Gênes, jusqu'à la dernière extrémité, comme le fit Bazaine à Metz. Pourquoi la défense de Gênes constitue-t-elle un fleuron ajouté à la couronne de gloire de *l'Enfant chéri de la victoire* ? Et pourquoi la défense de Metz est-elle un opprobre pour la mémoire du vaillant soldat de Borny et de Gravelotte ?
Pourquoi deux poids et deux mesures, dans les jugements historiques ?

L'ennemi accorda à nos braves officiers le droit de conserver leur épée ; il est vrai que les Autrichiens, en 1800, permirent à Masséna et à sa brave garnison de sortir avec armes et bagages, avec faculté de reprendre immédiatement du service ; mais cela ne prouve pas que l'armée du Rhin ait été moins vaillante que ses illustres devanciers : cela prouve simplement que les Prussiens, en 1870, étaient plus réalistes que les Autrichiens en 1800, et que la flamme grandiose qui rayonnait en France depuis 1789, que le foyer colossal où se fondaient et s'amalgamaient, à cette époque, le Passé, le Présent et l'Avenir, émettaient une telle chaleur que la vieille Autriche des Habsbourg elle même en avait des effusions sentimentales.

Il nous reste un mot à dire sur ce qu'on a appelé *l'incident des drapeaux*.

Le jour de la capitulation, on livra 53 de nos aigles aux commissaires prussiens.

« Vous auriez dû détruire celles-là, comme vous l'avez fait des autres », a dit l'accusation à Bazaine.

« J'en ai donné l'ordre, a répondu le maréchal ; mais cet ordre a été incomplètement exécuté ».

On lit dans le compte-rendu du procès de Trianon, p. 663 :

« *M. le Greffier* (1).

» Soleille, général de division.

» *D.* — A-t-il été parlé des drapeaux, dans le conseil du 26 octobre ? Le maréchal Bazaine a-t-il alors témoigné l'intention de les faire brûler ?

R. — Autant que je puis me le rappeler, dans le conseil du 26 octobre, il a été question des drapeaux ; et le maréchal a témoigné l'intention de les faire brûler... Les détails d'exécution convenus entre le maréchal et moi étaient les suivants : que les drapeaux devaient être transportés par les soins de l'artillerie à l'arsenal, dans un charriot de batterie, escorté, autant que possible, par quatre sous-officiers à cheval sous le commandement d'un officier.

---

(1) M. le général Soleille, directeur de l'artillerie, ne déposa qu'à l'information. Son témoignage fut lu aux débats publics, car l'état de maladie l'empêcha d'y assister.

» Quant à l'exécution de tous les autres détails, à savoir : la réception et la transmission des ordres du maréchal, la réunion des drapeaux, leur remise à l'artillerie, elle concernait particulièrement *les commandants de corps* ».

Voilà qui est catégorique. Mais alors, pourquoi la plupart des drapeaux n'ont-ils pas été transportés à l'arsenal, où l'ordre était donné de les incinérer ?

Pourquoi ? Pourquoi ?... Mais parce que les commandants de corps ont continué à *désobéir*... Voilà tout !

Au procès de Trianon, M. le général Desvaux, commandant de la garde impériale, déclara que, le 26 octobre, Bazaine « donna l'ordre, à haute voix, de porter les drapeaux à l'arsenal, *où ils seraient brûlés* ». (Compte-rendu, p. 659).

M. le général de Cissey, qui fut envoyé au quartier-général du prince Frédéric Charles, le 25 octobre, pour connaître les conditions de la reddition, écrivit, alors qu'il était ministre de la guerre, le 3 décembre 1872, à Bazaine, une lettre que celui-ci reproduit dans *Episodes* et où se trouve ceci (p. 241) :

« Le général de Cissey tient pour certain que l'ordre de *brûler les drapeaux* a été donné par M. le maréchal Bazaine ».

⁂

En résumé, selon nous, l'armée de Lorraine a eu, devant l'ennemi, une attitude et une conduite dignes de tout éloge et son rôle fut des plus glorieux. Elle n'a abandonné aux Allemands, en rase campagne, ni un canon, ni un drapeau. Jusqu'à la fin des hostilités actives, elle leur a toujours fait des prisonniers Elle n'a été vaincue que par la faim ; elle ne pouvait pas ne pas capituler, n'étant pas secourue : c'est ce qui résulte de l'opinion impartiale des théoriciens et des professeurs que nous avons cités.

Sur 130.000 combattants, elle eut 42.462 tués ou blessés, dont 2.000 officiers et 26 généraux. On estimera qu'elle a suffisamment fait pour l'honneur des armes.

Contraint, par des circonstances plus fortes que sa volonté, à abriter son armée dans le camp retranché de Metz, le maréchal Bazaine a : 1° retenu et occupé deux cent mille ennemis et l'un des plus redoutables chefs de l'armée prussienne; 2° sauvé la ville de Metz des horreurs d'un bombardement.

De quels remerciements n'aurait-on pas dû être prodigue envers lui, si la noble cité lorraine avait été conservée à la France, ce qui — au dire d'un historien consciencieux, M. Hanotaux — aurait peut-être eu lieu, si le négociateur français, M. Thiers, avait eu plus de sang-froid et de coup-d'œil, dans ses conférences, pour la paix, avec ce joûteur redoutable que fut le comte de Bismarck ; s'il avait eu assez de clairvoyance géniale pour deviner que le roi de Prusse, devenu empereur d'Allemagne, aurait cédé sur la question de Metz, comme il le fit pour Belfort, dont la conservation à la France est due à l'éloquence émue du même M. Thiers !

Je le dis, sans hésitation aucune : si le maréchal Bazaine méritait d'être traduit devant une Haute-Cour de justice, avec Canrobert et les autres chefs de l'armée du Rhin, auxquels il fallait adjoindre le général Changarnier — pour avoir obéi aux suggestions du cabinet politique de l'ex-impératrice Eugénie, en vue du rétablissement d'un régime qui leur restait cher, — j'estime qu'au point de vue militaire, le commandant en chef de l'armée du Rhin a, du 15 juillet au 28 octobre 1870, bien mérité de la Patrie.

Voilà mon modeste avis. J'ai essayé de le justifier. Je trouve, certes, bien naturel que nos lecteurs ne le partagent pas ; nous ne leur demandons qu'une chose, c'est d'étudier eux-mêmes cette cause historique, en faisant abstraction de toute idée préconçue.

Nous nous permettons d'attirer l'attention des historiens et des hommes qui ont, en ces matières, une compétence qui nous fait, hélas! défaut, — sur les points préliminaires qu'il y aurait lieu de mettre en lumière, avant d'étudier le rôle de Bazaine lui-même. Ces points pourraient être les suivants :

1° Quel était l'état des forts de Metz, le 15 juillet 1870 ;

2° La ville de Metz, livrée à elle-même, aurait-elle pu tenir plus de deux ou trois semaines, si les Allemands l'avaient bombardée avec les nouveaux engins de destruction dont ils étaient en possession, alors que nous n'étions pas en mesure de leur répondre efficacement et de contre-battre leur artillerie perfectionnée ;

3° Quel fut (du 12 août au 16 août) le vrai commandant en chef, du maréchal Bazaine ou de l'empereur Napoléon III ;

4° Quelle fut la conduite véritable du général Frossard, à Forbach et la veille de la bataille de Gravelotte ;

5° Quelle fut celle de Canrobert, les 17 et 18 août 1870, au regard des ordres formels qu'il avait reçus de fortifier la position de Saint-Privat ;

6° Dans quelle mesure ces deux commandants de corps ont-ils été la cause, par leur désobéissance, que les routes conduisant à Verdun, par Mars-la-Tour et Etain, d'une part, et, par Briey, d'autre part, se trouvèrent, les 17 et 19 août, maîtrisées par l'ennemi ;

7° Quelle fut l'influence, sur les destinées de l'armée de Lorraine, de la double désobéissance de Mac-Mahon, d'abord aux ordres de l'Empereur lui prescrivant de s'arrêter à Nancy, ensuite aux ordres du ministre de la guerre, lui enjoignant de secourir Bazaine, par une route et dans un délai déterminés ;

8° Quelles furent les menées politiques et diplomatiques des souverains déchus, du 4 septembre au 28 octobre 1870 ;

9° Une armée, enfermée dans un camp retranché, et investie par un adversaire égal ou supérieur en nombre, pouvait-elle, en 1870, rompre le cercle de fer qui l'enserrait, sans être secourue du dehors ?

Non, il n'est pas exact de déclarer que tout a été dit sur l'affaire Bazaine. Que le plus assuré de la culpabilité de l'ex-maréchal prenne la peine de lire attentivement le compte-rendu des débats du procès de Trianon, il en éprouvera une impression confuse et incertaine. Ceux qui n'ont connu Bazaine qu'à travers les résumés de ce procès, sont néanmoins convaincus de sa trahison ; cette conviction serait difficilement déracinée de leur esprit : Bazaine est traître, comme le soleil éclaire, comme le feu brûle, comme deux et deux font quatre. Ce sont-là, au même titre, des axiomes.

Une circonstance est pourtant faite pour troubler les âmes réfléchies : c'est que certains hommes, qui ont approché de près l'ancien commandant en chef de l'armée du Rhin, ont toujours protesté de son innocence. J'ai nommé M. de Mornay-Soull ; je pourrais nommer encore M. le colonel Willette, qui s'évanouit, lorsque fut prononcé l'arrêt de condamnation (nos lecteurs trouveront, dans le premier supplément de *Larousse*, au mot « Bazaine », des détails sur la conduite de cet officier).

Il y a plus. Ceux qui ont bien connu l'ex-maréchal, dans d'autres circonstances qu'au cours de la campagne de Lorraine, en 1870, persistent, malgré tout, à demander un supplément d'information. Nous lisons, par exemple, dans *Le Progrès républicain de la Vienne*, n° du 27 août 1903, un article dont nous détachons les passages suivants :

« Poitiers, le 21 août 1903.

» ... Je n'ai point, quant à présent, la moindre intention d'être agréable ou désagréable à la mémoire de l'homme qui fut le maréchal de France Bazaine.

» **Son histoire est à faire**, aussi bien celle des évènements auxquels il a pris part, principalement au Mexique. Toutefois, ayant vécu auprès de cet homme, *ne l'ayant pas quitté pendant les cinq années* de son séjour au Mexique, j'ai la prétention de connaître tous ses actes au cours de cette longue période et je considère comme un devoir de protester contre les inexactitudes, les erreurs, les appréciations injustifiées que publie... etc.

» Je termine, en affirmant, à l'encontre de la conception des millions Bazaine-Crawfort, que Bazaine a vécu en Espagne dans l'indigence et qu'il y est mort dans la misère ».

Et cette lettre est signée : « colonel Blanchot, *ancien aide-de-camp du maréchal Bazaine* ».

« Son Histoire est à faire », écrit cet honorable officier. Pour qu'il proclame une telle chose, malgré une condamnation qui devrait revêtir à ses yeux un caractère définitif, il faut que les débats de Trianon ne l'aient pas convaincu.

Donc, le moins que l'on puisse dire du procès Bazaine, c'est que certains points y ont été laissés dans l'ombre, volontairement ou non.

Ce n'est donc pas s'insurger irrévérencieusement contre la chose jugée que de demander une nouvelle enquête. Il peut y être procédé sans hâte ; il doit y être procédé sans passion.

L'ex-maréchal Bazaine est mort ; la maréchale est morte ; leur fils aîné a été tué à Cuba, dans les rangs espagnols ; leurs deux autres enfants habitent le Mexique.

C'est, par conséquent, un procès purement historique qu'il s'agit d'instruire à nouveau, en tenant compte des arguments fournis, pour sa défense posthume et la réhabilitation de sa mémoire, par le condamné de Trianon, dans l'ouvrage paru, sous sa signature, en 1883 — dix ans après son procès.

Quant à nous, nous n'avons pas la prétention d'avoir traité à fond la question qui nous a occupé. Nous n'en avons donné qu'une vue à vol d'oiseau. Notre but sera atteint, si nous avons attiré l'attention du public sur un grave problème, incomplètement ou mal résolu. Notre conscience ne nous reproche rien ; elle nous a, au contraire, soutenu dans notre tâche. Il n'est pas indifférent à l'honneur de notre pays, et, j'ajoute, à la considération dont l'entourent les puissances étrangères (1), qu'un maréchal de France ait ou n'ait pas trahi sa Patrie ; il n'est pas indifférent à la conscience universelle qu'un tribunal, fût-il présidé par un fils de roi, ait ou n'ait pas condamné un innocent...

Et si la conclusion dernière de ces probes investigations, que nous appelons de nos vœux, était, comme nous le pensons, que M. le maréchal Bazaine a été la

<hr>

(1) M. le comte d'Hérisson affirme qu'en dehors de France, des hommes, dont l'opinion compte, étaient persuadés que Bazaine n'était pas coupable.

victime d'une effroyable erreur judiciaire, notre géné-
reuse nation éprouvera un attendrissement, mêlé d'une
joie profonde, à la pensée qu'un de ses meilleurs soldats
ne fut pas un traître.

9 février 1904 (1).

(1) Cette étude était sous presse, lorsqu'a paru un article de M. le général
Bonnal, intitulé : « La psychologie militaire de Bazaine pendant la guerre
de 1870 ». Nous nous faisons un devoir de le mentionner, dans une Note
complémentaire.

FRAGMENTS

de deux lettres inédites de l'ex-Maréchal Bazaine.

---

30 octobre 1882.

...Je vends tout ce qui est vendable et fais retourner mes vieux habits, ne pouvant en acheter de neufs : et enfin, des dettes couronnant tout cela, qui me suscitent, à chaque instant, des désagréments...

Signé : Maréchal BAZAINE.

---

8 mai 1885,

(Bataille de San-Lorenzo)

Quel souvenir que cette date ! Quel jour glorieux, dont les conséquences ont été la prise de Puebla !

Je pourrais dire comme le poëte : « J'ai perdu la mémoire de cette ombre illusoire qu'on appelle la gloire et qu'emporte le vent... »

Mais non ! Ma mémoire, mon cœur de soldat, sont toujours émus par ces souvenirs qui seront mes dernières pensées, quand je quitterai ce triste monde, où j'ai tant souffert **pour les autres.** *(1).*

Signé : Maréchal BAZAINE.

(1) C'est moi qui souligne ces trois mots. Faudra-t-il tenir, pour l'expression de la vérité de tous les temps, cette réflexion, d'un pessimisme si poignant, que faisait récemment Henry Maret « N'est-ce pas l'histoire éternelle des révolutions humaines ? Ne savons-nous pas que, de tout temps, les vrais criminels sont toujours morts dans leur lit, bien dorlotés et entourés de vénération, tandis que d'autres, qui n'y pouvaient rien, expiaient pour eux et payaient durement leurs fautes ? » *(Note de l'auteur).*

FAC-SIMILÉ

de fragments de deux lettres écrites, de Madrid, par l'ex-maréchal Bazaine, l'une, sans indication précise de date, l'autre, le 30 octobre 1884 :

heureusement que les années s'écoulent dans la douleur, dans la misère, et que j'arrive, grâce à Dieu, à la fin de ce triste voyage; car chaque jour je deviens de plus en plus souffrant.

Je vous embrasse tous avec la plus vive tendresse,

Bᵉˢˢ de Bazincourt

NOTES

I

BATAILLE DE FORBACH

(Librairie militaire, R. Chapelot et Cie, 30, rue Dauphine, Paris).

Le Ministère de la Guerre publie, en ce moment, dans la *Revue d'histoire*, tous les documents relatifs aux opérations militaires pendant la guerre de 1870. On nous a signalé cette importante publication, trop tard pour que nous puissions en utiliser les éléments dans le travail que nous avions entrepris. Nous voulons, cependant, reproduire ici quelques-unes des dépêches, insérées au cours du bel ouvrage consacré à la bataille de Forbach.

Voici les principaux télégrammes échangés, entre Bazaine et Frossard, dans la journée du 6 août 1870 :

A 6 h. 20 du matin, Frossard télégraphie à Bazaine :

« Mes reconnaissances ne sont pas rentrées ; je me tiens sur mes gardes ; rien de nouveau cette nuit ».

A 9 h. 10 du matin, il télégraphie de Forbach :

« J'entends le canon à mes avant-postes et je vais m'y porter.

» Ne serait-il pas bien que la division Montaudon envoyât de Sarreguemines une brigade vers Grosbliederstroff et que la division Decaen se portât en avant vers Merlebach et Rosbrück ? »

A 10 h. 20 du matin :

« L'ennemi a fait descendre, des hauteurs de Sarrebrück vers nous, de fortes reconnaissances, infanterie et cavalerie, mais il ne prononce pas encore son mouvement d'attaque.

***

Nous avons pris nos mesures sur les plateaux et sur la route ».

A 10 h. 50, matin :

« On me prévient que l'ennemi se présente à Rosbrück et à Merlebach, c'est-à-dire, derrière moi. Vous devez avoir des forces de ce côté ? »

A ces trois dépêches, Bazaine répond, de Saint-Avold :

A 11 h. 34, matin :

« D'après les ordres de l'Empereur, j'ai porté, hier, les divisions Castagny et Metman sur Puttelange et Marienthal. Je n'ai plus personne à Rosbrück et Merlebach. J'envoie, en ce moment, une brigade de dragons dans cette direction et une brigade de la division de Metman à Benning-les-Saint Avold ».

A 1 h. 15 du soir :

« Quoique j'aie très peu de monde sous la main pour garder la position de Saint-Avold, je fais marcher la division Metman sur Mecheren et Benning-les-Saint-Avold, la division Castagny sur Fœrschwiller et Théding ; je ne puis faire plus.

» Mais comme vous avez vos trois divisions réunies, il me semble que celle qui est à Œting peut très bien envoyer une brigade, et même plus, sur Morsbach, afin de surveiller Rosbrüch, c'est-à-dire, la route d'Assret, par Emersweiller et Grande-Rosselle vers Sarrelouis.

» Notre ligne est malheureusement très mince , par suite des dernières dispositions prises, et si le mouvement est vraiment aussi sérieux, nous ferons bien de nous concentrer sur la position de Cadenbronn. — Tenez-moi au courant ».

***

Frossard télégraphie de Forbach :

A 1 h. 25 du soir :

« Je suis fortement engagé, tant sur la route et dans

les bois que sur les hauteurs de Spicheren. C'est une bataille.

» Prière de faire marcher rapidement votre division Montaudon vers Grosbliedestroff et votre brigade de dragons sur Forbach ».

Bazaine répond :

A 2 h. 18 du soir :

« Je fais partir la division Montaudon pour Grosbliedrestroff. La brigade de dragons marche sur Forbach ».

En conséquence de cet avis, le maréchal Bazaine télégraphia au général de Juniac, qui commandait la brigade de dragons :

« Dirigez-vous rapidement sur Forbach et *mettez-vous à la disposition du général Frossard* ».

Le même maréchal télégraphie à Sarreguemines au général Montaudon :

A 2 h. 20 : (1)

« Laissez la garde de Sarreguemines aux troupes du général Lapasset et dirigez-vous, *avec toute votre division*, sans vos impedimenta, sur Grosbliederstroff. *Tenez-vous à la disposition du général Frossard*, qui est fortement engagé du côté de Spicheren ».

Soucieux de ne rien recevoir, à ce sujet, Bazaine télégraphie à Sarreguemines :

A 3 h. 40 :

« Le général Montaudon a-t-il commencé son mouvement ? »

Il reçoit, à 5 heures, la réponse suivante, de M. le sous-préfet de Sarreguemines :

A 4 h. 55 :

« Le général Montaudon part à l'instant pour Grosblie-

____

(1) Cette dépêche, remise pour être expédiée immédiatement, ne partit qu'à 2 h. 50. (*Note de l'auteur*).

derstroff, avec sa division, pour y appuyer, d'après les ordres donnés, le général Frossard, qui se bat à Sarre·bruck ».

M. le général Montaudon avait mis deux heures pour se mettre en mouvement. Nous verrons plus loin ce qu'il allègue pour justifier ce retard.

Quant à M. le général de Juniac, on sait avec quelle rapidité il gagna Forbach. M. le général Frossard l'en félicita.

A 4 h. 53, le maréchal Bazaine télégraphie à Frossard :

« Donnez-moi de vos nouvelles, pour me tranquilliser ».

Le général Frossard lui répond de Forbach :

A **5** h. 15 du soir : (1)

« La lutte, qui a été très vive, s'apaise. *J'espère rester maître du terrain*, mais cela pourra recommencer demain matin, ou peut-être la nuit. -- La division Montaudon vous sera renvoyée aussitôt que possible. -- Si vous pouvez m'envoyer un régiment au moins d'infanterie, ce soir, ce serait bien. — Mes troupes sont fatiguées. — Votre brigade de dragons m'est arrivée, mais ne peut m'être de grande utilité, dans les bois ». (2)

Une demi-heure après avoir rédigé la dépêche précédente, le général Frossard télégraphie à Bazaine :

(1) Cette dépêche, remise pour être expédiée immédiatement, ne partit qu'à 5 h. 35. (*Note de l'auteur*).

(2) Le critique militaire qui a rédigé le livre : *Bataille de Forbach*, écrit (p. 187) :

« Cette brigade de dragons ne pouvait-elle rendre d'excellents services, en se portant, dans la vallée de la Rosselle, au-devant de la colonne ennemie qui y était signalée ? L'heure de son arrivée, sur le champ de bataille, coïncide précisément avec l'envoi dans cette direction des deux escadrons du lieutenant-colonel Dulac ».

A 5 h. 45, soir :

« Ma droite sur les hauteurs a été obligée de se replier. Je me trouve compromis gravement. Envoyez-moi des troupes très vite et par tous les moyens ».

Le maréchal lui répond immédiatement :

A 6 h. 03 du soir :

« Je vous envoie, par le chemin de fer, le 60e de ligne ».

Deux minutes après, il rappelle le même télégramme. Dix minutes après, il télégraphie à Frossard :

A 6 h. 16 :

« Je vous envoie un régiment par le chemin de fer; le général Castagny est en marche vers vous ; il reçoit l'ordre de vous joindre; — le général Montaudon a quitté Sarreguemines, à 5 heures, marchant sur Grosbliederstroff ; le général Metman est à Betting ».

A 7 h. 35, Frossard télégraphie :

« Nous sommes tournés par Wehrden ; je porte tout mon monde sur les hauteurs ».

Bazaine lui répond :

A 8 h. 15 :

« Je vous ai envoyé tout ce que j'ai pu. Je n'ai plus que trois régiments pour garder la position de Saint Avold. Définissez-moi bien les positions que vous croirez devoir occuper ».

Frossard ne répond rien. Alors, le maréchal lui envoie dans la soirée la dépêche que voici :

« Ainsi que je vous l'ai dit, vous avez, *pour couvrir votre ligne de retraite*, la division Castagny, qui est en avant de Folckling, et la division Metman, qui se trouve à Benning-les-Saint-Avold. Vous ferez bien de battre en retraite **sur la position de Cadenbronn**, d'abord. Le général de Castagny se portera à Théding. Quant au général Montaudon, il se retirera d'abord sur Rouhling, au-dessus, puis se joindrait à vous, si cela devenait nécessaire. Donnez-moi de vos nouvelles, par l'intermédiaire du général de Castagny ».

Quand cette dépêche arriva, le général Frossard avait quitté Forbach, et battait en retraite, avec un objectif autre que celui que son chef lui avait assigné. Elle lui fut remise sur la route de Sarreguemines, dans la matinée du 7 août.

Résumons ces diverses dépêches.

La journée du 6 août, — en ce qui concerne le seul sujet qui nous occupe, la question de savoir si le maréchal Bazaine a négligé d'appuyer son subordonné, le général Frossard — comporte plusieurs moments distincts.

D'abord, la matinée. Frossard télégraphie qu'il entend du canon à ses avant postes, puis que l'ennemi fait descendre vers lui de fortes reconnaissances ; mais il ajoute qu'il a pris ses mesures. Il demande néanmoins qu'on dirige vers lui une brigade de la division Montaudon. Enfin, l'ennemi se présentant derrière lui, à Rosbrück et à Merlebach, il sollicite un envoi de forces de ce côté.

Bazaine lui répond : Je n'ai pas, près de ces deux points, la division Decaen, mais j'envoie dans cette direction deux brigades détachées d'ailleurs ; — en outre, je fais marcher vers vous les divisions Metman et Castagny ; enfin, si cela est sérieux, concentrons-nous sur la position de Cadenbronn.

Ah ! certes, Bazaine ne parle pas sec, quand il parle à ses lieutenants. Il emploie des formules adoucies : « Si le mouvement est vraiment aussi sérieux, nous ferons bien de nous concentrer sur la position de Cadenbronn », mande-t-il à Frossard. Cela n'a pas l'allure de la dépêche qu'envoyait, au même instant, au général de Stülpnagel, le prince Frédéric-Charles :

« La 14e division devra évacuer immédiatement Sarrebrück. *Telle est ma volonté formelle* ».

N'avons-nous pas cité ce mot : « Bazaine était né pour la guerre, non pour le commandement ? »

Mais, enfin, quoi qu'en disent les accusateurs de Bazaine, l'indication était claire. C'est là l'essentiel, au

point de vue de la moralité de ce débat. Quant à la demande
d'envoi d'une brigade de la division Montaudon vers
Grosbliederstroff, le maréchal Bazaine n'y défère pas, pour
le moment, et voici pourquoi :

Le 6 août, à 1 h. 50 du matin, le général Montaudon
avait télégraphié à Bazaine :

« Des renseignements me font croire que je serai attaqué ce matin, par des forces qu'on dit supérieures. Un
parti prussien a intercepté le fil entre Bitche et Sarreguemines. Les dépêches ne passent plus, d'une manière
intelligible ».

D'ailleurs, en thèse générale, Bazaine s'attendait à être
attaqué ce jour-là sur tous les points à la fois : par Sarrebruck, par Sarreguemines et par Sarrelouis. Le Major-
Général lui avait télégraphié de Metz, à 5 h. 05 du matin :

« Je reçois votre télégramme. Tenez-vous prêt à une
attaque sérieuse, qui pourrait avoir lieu aujourd'hui
même. La division de Sarreguemines et la division de
Puttelange doivent se prêter appui ».

Il n'eût donc pas été sage, de la part de Bazaine, de
dégarnir toute sa ligne de défense, sur un simple avis
d'une entreprise au centre de cette ligne.

*
* *

Dans cette journée, il y a un second moment. A 1 h. 25,
Frossard télégraphie à son supérieur hiérarchique :
« C'est une bataille ».

Ce que Frossard demande, Bazaine le lui expédie : une
brigade de dragons sur Forbach ; la division Montaudon
sur Grosbliederstroff.

On sait que la brigade de dragons arriva de bonne heure
à destination. Voici ce que dit, à ce propos, M. le général
de Juniac (*procès de Trianon*, p. 292) :

« J'étais en reconnaissance, lorsque j'ai reçu, par une estafette à
cheval, une dépêche de M. le Maréchal ; il pouvait être dix heures
et demie ou onze heures. Je me transportai, le plus rapidement

possible, d'un temps de trot à Forbach, où j'arrivai vers une heure et demie ou deux heures, pour me mettre à la disposition du général Frossard. N'ayant trouvé personne, je traversai Forbach et j'allai me former en arrière des lignes pour attendre des ordres. Un colonel me demanda ce que je faisais ; je répondis que j'étais venu pour me mettre à la disposition du général Frossard ; que je ne l'avais pas rencontré.

» Vers cinq heures et demie, n'entendant plus le canon, j'avais fait faire une reconnaissance sur Forbach pour savoir ce qui se passait. J'ai appris alors que la bataille était finie, et que M. le général Frossard était parti.

» N'ayant pas l'ordre de quitter la position, j'y restai jusqu'à deux heures du matin. Puis voyant que j'étais seul, ayant l'ennemi devant moi, je me suis replié sur Puttelange ».

Frossard demande du renfort ; Bazaine lui en envoie ; et Frossard ne s'en sert pas !

Quant à Montaudon, le maréchal Bazaine lui donne l'ordre de rallier immédiatement le commandant du 2me corps. Il reçoit cette instruction formelle à trois heures de l'après-midi ; il ne part qu'à cinq heures. Pourquoi ?

Dans la *Bataille de Forbach*, nous trouvons la lettre qu'écrivit Montaudon, le 22 novembre 1871, pour répondre à l'accusation de mauvaise volonté, portée contre lui par le général Frossard :

« Le 5 août, à 7 heures du soir, après avoir fait 23 ou 30 kilomètres par un soleil de plomb, j'établissais mes troupes à quatre kilomètres de la ville. La nuit fut affreuse, la pluie continuelle. La matinée du 6 fut employée à faire des reconnaissances... Vers 3 heures de l'après-midi, je reçus la dépêche suivante :

« Le Major-Général au général Montaudon, à Sarreguemines.

» Metz, le 6 août, 2 h. 18, soir.

» Le général Frossard est attaqué, ainsi que le maréchal Bazaine ; *attendez-vous à l'être* ».

Au reçu d'une pareille dépêche, il n'y avait pas un instant à perdre ; je suis monté à cheval, j'ai parcouru toutes mes positions et envoyé des patrouilles, au loin, reconnaître celles de l'ennemi, que nous apercevions. Pendant ce temps, le télégramme suivant arrivait au camp (celui de Bazaine, rapporté plus haut). Quelques instants après, le capitaine Penaud, de l'état-major de ma division, m'apportait cette dépêche de vous : « Avez-vous reçu ordre de diriger des troupes sur ma droite? Si oui, activez la marche ».

» Sans hésiter un seul instant à me conformer aux ordres qu'elles contenaient, je fis replier mes avant-postes, jeter par terre toutes mes marmites, rentrer les corvées de vivres, et, moins d'une heure et demie après la réception des dépêches, mes têtes de colonne traversaient Sarreguemines (5 h. 1/4), laissant l'arrière-garde se retirer, en faisant le coup de feu avec les uhlans... »

Enfin, troisième moment. Après une dépêche rassurante, Frossard télégraphie à *six heures moins le quart* (je prie le lecteur de noter cette heure tardive) qu'il est compromis gravement. Et Bazaine lui envoie, par chemin de fer, un régiment ; il lui indique que les divisions Castagny et Metman sont à sa disposition. On trouve, dans la *Bataille de Forbach*, le texte des deux communications ci-après :

« Maréchal Bazaine au général Metman.

» Saint-Avold, 6 août. (1)

» Par suite de nouvelles dispositions, ce soir, vous vous établirez avec toute votre division entre Benning-les-Saint Avold et Betting. La carte du 80.000e indique une série de croupes, qui bordent le chemin de fer, entre le Bas-Hombourg et Cocheren, votre position militaire défensive... Le général de Castagny, qui occupe Théding, est à votre droite, à moins que le général Frossard ne l'ait appelé à lui ».

« Maréchal Bazaine au général de Castagny. (2)
« Tenez-vous, sans retard et avec vos moyens d'action,

(1) Reçu à Benning, vers 4 heures, d'après la déposition du général Metman dans l'instruction relative au procès Bazaine.
(2) Reçu avant 7 heures du soir.

à portée et à hauteur du général Frossard. Entrez immédiatement en relations avec lui et faites ce qu'il vous commandera ».

Il résulte, de ce qui précède, que le maréchal Bazaine a envoyé au général Frossard: 1° une brigade de dragons ; 2° un bataillon par chemin de fer ; 3° qu'il a donné l'ordre, à 3 heures de l'après midi, à Montaudon de lui amener sa division ; 4° que quand, à 5 h. 45, Frossard demande d'autres appuis, Bazaine lui indique que deux autres divisions du 3ᵐᵉ corps attendent ses ordres.

Pourquoi Frossard ne les a-t-il pas appelées à lui, plus tôt?... Qu'il ne vienne pas dire qu'elles n'avaient pas d'instructions: les débats de Trianon prouvèrent le contraire.

On lit, dans la déposition de M. le capitaine d'état-major Bécat (p. 288) :

« La veille (le 5 août) le général de Castagny avait écrit aux généraux **Frossard** et Montaudon, *d'après les ordres du maréchal Bazaine,* une lettre qui était ainsi conçue:

« J'ai l'honneur de vous faire connaître que, d'après les ordres du maréchal Bazaine, la division Castagny s'est rendue de Saint-Avold à Puttelange, derrière la position de Cadenbronn. J'ai l'honneur de vous avertir de ma position, afin que, dans le cas où vous seriez attaqué, vous me fassiez prévenir, et je me porterai immédiatement à votre aide ».

En ce qui concerne le général Metman, nous n'avons pas la preuve écrite que le maréchal l'ait informé qu'il se tînt à la disposition de Frossard ; mais cette preuve résulte implicitement de la déclaration qu'a faite cet officier-général à Trianon (p. 290) :

« *Mᵉ Lachaud.* — A quelle heure, le général Metman a-t-il reçu la dépêche du général Frossard qui l'appelait vers lui?

» *M. le général Metman.* — Je l'ai reçue à sept heures et demie, au moment où je revenais de visiter les positions de mes troupes. A cette demande : « Le général Metman

est-il là ? » Je lui répondis : « Oui », en lui expliquant pourquoi j'y étais. Ce à quoi il m'a été répondu :

« *Qu'il vienne* ».

Et Metman est parti. On sait le reste.

Il est évident que Metman, divisionnaire du 3me corps,
n'aurait pas déféré à l'ordre du commandant du 2me corps,
s'il n'y avait pas été verbalement autorisé, au préalable,
par le maréchal Bazaine.

*
* *

Il faut donc remercier le ministère de la guerre d'avoir
entrepris cette publication documentaire, qui jette des
flots de lumière sur les points laissés dans l'ombre au
procès de Trianon. Ces pièces officielles montrent
d'abord, dans sa réalité, la conduite du maréchal Bazaine
pendant la journée du 6 août ; elles permettent d'affirmer
désormais, sans crainte d'être démenti, que ce chef ne
fit que son devoir et fit tout son devoir. Les mêmes documents, d'autre part, étalent, en plein, la profonde incapacité du général Frossard.

Peut-être viendra-t-on plaider, en faveur de ce dernier,
les circonstances atténuantes ; mettre, par exemple, sa
désignation de chef de corps d'armée sur le compte du
favoritisme inhérent à tout pouvoir absolu, et rendre
responsable de cette incurie le régime plutôt que l'homme.
Cela peut être ; mais ce n'est pourtant pas une raison
pour faire peser, sur la mémoire du maréchal Bazaine,
les fautes commises par le général Frossard.

II

Un article de M. le général Bonnal

M. le général Bonnal vient de faire paraître sur Bazaine une étude, dont la portée ne saurait être exagérée (1).

Elle mériterait d'être longuement commentée. Nous aurons peut-être l'honneur d'y revenir, dans une publicacation ultérieure.

Aujourd'hui, nous nous contenterons d'indiquer les deux points sur lesquels cet écrivain se sépare nettement de l'accusation développée au procès de Trianon. Ces points sont essentiels et fondamentaux.

Dans son réquisitoire, le général Pourcet, commissaire du gouvernement, n'a pas eu un mot pour flétrir l'influence néfaste de l'Empereur, dans la première partie des opérations de l'armée de Lorraine. M. le général Bonnal écrit, au contraire :

« Napoléon III craignait autant, sinon plus, l'opinion publique que les armées allemandes. Sachant son trône à la merci des évènements, la crainte d'en être chassé le conduisit à subordonner les opérations de son armée à des intérêts purement dynastiques. *C'est donc à l'Empereur que l'on doit faire remonter la cause première de la capitulation de Metz* ». (*Revue des Idées*, p. 110).

Dans le même réquisitoire, le général Pourcet avait déclaré (*compte-rendu in-extenso*, p. 738) :

« Le 16 (août 1870), alors qu'un dernier effort eût pu être décisif, il (Bazaine) suit sa *fatale pensée* de retourner en arrière, pour aller s'immobiliser devant Metz ».

(1) Ce travail a été inséré dans *La Revue des Idées* (rue du Vingt-Neuf Juillet, 6, Paris), numéro du 15 février 1904.

M. le général Bonnal a, sur cette question, une opinion diamétralement contraire à celle du ministère public, devant le conseil de guerre de 1873 :

« Pour nous, écrit-il, d'après des calculs ayant pour bases les doctrines tactiques opposées, si l'armée de Lorraine, lente à se mouvoir, se fût portée, le 15 août, des abords ouest de Metz sur Verdun, elle eût atteint cette ville sans encombre, le 17, mais elle aurait subi, le 20 ou le 21 août, entre Dombasle et Clermont-en-Argonne, un désastre dans le genre de celui qu'a essuyé l'armée de Châlons, le 1er septembre, à Sedan.

» C'eût été ensuite l'occupation, par les Allemands, des grands centres du territoire et l'impossibilité, pour la France, de lever de nouvelles troupes.

» Le maintien de 200.000 Allemands devant Metz, depuis le 19 août jusqu'au 29 octobre, *a seul permis*, suivant notre opinion, *au gouvernement de la Défense Nationale, d'organiser la résistance et de la faire durer jusqu'au mois de février 1871... (op. cit. p. 113)* ».

Fatale pensée, avait dit M. Pourcet ; *judicieuse solution,* dit, plus loin, M. Bonnal, en appréciant le maintien de l'armée de Lorraine sous Metz !.. ..

« Sérieuse différence ! » concluerons-nous, suivant un mot de Victor Hugo, dans le prodigieux dialogue qu'il a buriné entre Robespierre, Danton et Marat.

Comme M. le général Bonnal a été professeur à l'Ecole Supérieure de Guerre et qu'il est le premier de nos écrivains militaires, on doit supposer qu'il voit juste. Mais alors, le général Pourcet ne savait pas ce qu'il disait, ou a voulu tromper l'opinion publique , pour servir des intérêts politiques, quand il a fait un crime au maréchal Bazaine d'être resté collé à la place de Metz !... Ecartons la seconde hypothèse, car il répugne de penser qu'un homme, chargé de porter la parole au nom de la France, se serait prêté à une telle besogne; et, en nous en tenant à la première, nous dirons que c'est grave de se tromper aussi grossièrement qu'il l'a fait, lorsqu'on a la prétention de connaître les choses dont on parle ; qu'on se mêle de donner pompeusement des leçons aux autres; et surtout, lorsque les circonstances vous ont mis entre les mains le pouvoir terrible de requérir la dégradation d'un vieux soldat qui, pendant quarante ans, avait bien servi son pays.

Quant à M. le général Bonnal, il vient d'ouvrir, dans le procès de Trianon, une voie d'eau, qui ne pourra pas être aveuglée.

TABLE DES MATIÈRES

NOTES

IMPRIMERIE COOPÉRATIVE « LA LABORIEUSE »
7, rue J.-B.-A. Godin, 7